融动力

南方日报经济报道创新实践

主　编◎郎国华
副主编◎王溪勇　袁佩如

南方日报出版社
NANFANG DAILY PRESS
中国·广州

图书在版编目（CIP）数据

“融”动力 : 南方日报经济报道创新实践 / 郎国华主编 ; 王溪勇，袁佩如副主编. — 广州 : 南方日报出版社，2023.4
ISBN 978-7-5491-2695-8

Ⅰ. ①融… Ⅱ. ①郎… ②王… ③袁… Ⅲ. ①经济－新闻报道－研究－中国 Ⅳ. ①G219.2

中国国家版本馆 CIP 数据核字(2023)第 068961 号

RONG DONGLI
“融”动力 : 南方日报经济报道创新实践

主　　编：郎国华
副 主 编：王溪勇　袁佩如
出版发行：南方日报出版社
地　　址：广州市广州大道中 289 号
出 版 人：周山丹
出版统筹：阮清钰
责任编辑：巫殷昕　严文玮
封面设计：肖晓文
版式设计：梁春薇
责任校对：阮昌汉　熊丽思
责任技编：王　兰
经　　销：全国新华书店
印　　刷：广州市新怡印务股份有限公司
开　　本：787mm×1092mm　1/16
印　　张：14.75
字　　数：200 千字
版　　次：2023 年 4 月第 1 版
印　　次：2023 年 4 月第 1 次印刷
定　　价：68.00 元

投稿热线：（020）87360640　　　读者热线：（020）87363865

前言

党的十八大以来，以习近平同志为核心的党中央高度重视媒体融合发展。2018 年 8 月 21 日，习近平总书记在全国宣传思想工作会议上强调，要把握正确舆论导向，提高新闻舆论传播力、引导力、影响力、公信力，巩固壮大主流思想舆论；要加强传播手段和话语方式创新，让党的创新理论“飞入寻常百姓家”。

2020 年，中共中央办公厅、国务院办公厅印发《关于加快推进媒体深度融合发展的意见》，从重要意义、目标任务、工作原则三方面明确了媒体深度融合发展的总体要求，要求坚持一体化发展，坚持移动优先，坚持改革创新，尽快建成一批具有强大影响力和竞争力的新型主流媒体。

为进一步贯彻落实习近平总书记关于媒体融合的系列重要指示精神，南方日报着力推动经济报道理念、内容、手段、体制机制等全方位创新、高质量转型。

近年来，南方日报经济报道从主题宣传到重大策划，从典型宣传到事件报道，努力把新闻现场变为融合报道的竞技场，亮绝活、出妙招，以全新理念完善创意策划，以技术应用拓宽报道途径，以内容创新赢得发展优势，文图音视频百花齐放、争奇斗艳，无人机航拍、VR/AR 技术等“十八般兵器”一齐上阵、竞相发力，向深度融合、全面转型、一体化发展的方向加速推进。

本书既是近年来南方日报推动经济报道融合创新思考、探索和实践的结集，也是南方日报经济报道不断增强科学性、权威性，唱响中国经济、广东经济光明论、机遇论和贡献论的代表作品集。“融·思想”主要是经济报道落实新思想、围绕重大主题进行的融合探索；“融·新局”主要是围绕新发展格局、讲好粤港澳大湾区故事的代表案例；“融·支点”主要是围绕广东省委工作部署推出的融合报道；“融·手段”和“融·组织”，则是为推动媒体融合发展，在技术手段应用和组织方式改革上的探索。

“浩渺行无极，扬帆但信风。”以习近平新时代中国特色社会主义思想为指引，南方日报经济新闻工作者将继续争做党的政策主张的传播者、时代风云的记录者、社会进步的推动者、公平正义的守望者，推动各类经济报道不断融合、不断创新，与时代共振，与人民同心，一路砥砺前行。

编者

目录

第四章 融·支点

第五章 融·手段

第六章 融·组织

融

动力

南方日报经济报道创新实践

第一章 综论

2020年以来，受世纪疫情冲击，百年变局加速演进，我国经济发展面临需求收缩、供给冲击、预期转弱三重压力。在立足新发展阶段、贯彻新发展理念、构建新发展格局的新形势下，党报经济报道如何洞察大势、回应关切、增强信心，是摆在主流媒体面前的重要命题。

南方日报经济新闻部在探索与实践中积极总结经济报道的方法论，策划推出一系列经济报道，从三个"气"上下功夫——既观"天气"，洞察时势；也接"地气"，走到现场；更有"人气"，创新传播，客观、理性、创新地讲好广东经济发展故事，有效发挥预期管理和引导作用。

一 经济报道的方法论

随着中国迈进新发展阶段，国内外复杂因素增多，外界对中国经济空前关注，国际上各种噪音更是不绝于耳。复杂舆论环境下，主流媒体的经济报道如何"一锤定音"，廓清迷雾辨识大局？从实践探索中，我们总结归纳出以下几点基本"方法论"：

一是深刻把握"两个大局"，这是做好经济报道的基本出发点。"两个大局"一个是中华民族伟大复兴的战略全局，一个是世界百年未有之大变局。"两个大局"同步交织、相互激荡，既相互影响又互为机遇。

在"两个大局"的基本出发点下，应认识到当前所遇到的发展困难只是暂时的，要坚定中国经济长期向好趋势没有改变的信心。主流媒体对经济的报道不能忽略这个大的背景和事实，既不回避短期问题和困难，要对短期波动进行合理解释，更要打开视野和格局，阐释清楚中国经济的强劲韧性与巨大潜力，自觉从大局、长远的角度看待经济社会发展问题，坚持问题导向，加强议题设置，以思想之光有力引导舆论。只有胸怀"两个大局"，经济报道才能廓清纷繁复杂现象下的本质、彰显中国经济发展的独特气质。

二是深入学习领会习近平经济思想，这是做好经济报道的根本指导。经济形势越复杂，报道任务越繁重，越是要以习近平经济思想为指导，特别是深刻领会习近平总书记对“三新一高”（把握新发展阶段、贯彻新发展理念、构建新发展格局，坚定不移走高质量发展之路）的深刻阐述，运用其蕴含的科学方法深度解析当前我国面临的发展问题，准确把握住中国经济发展的“时”与“势”。

深入学习习近平经济思想，有助于我们加深对中国经济历史、进程与现状的理解，有助于我们加强对国家重大战略与发展方针的理解，有助于我们围绕党委、政府中心工作开展宣传策划和新闻报道。在习近平经济思想的指导下，主流媒体可通过重点策划和一线鲜活的新闻报道，展现各地如何在危机中育新机、于变局中开新局，高质量发展如何崇尚创新、注重协调、倡导绿色、厚植开放、推进共享，稳经济如何坚持扩大内需，构建以国内大循环为主体、国内国际双循环相互促进的新发展格局。

三是切实围绕广东省委、省政府中心工作，这是做好广东经济报道的着力点。广东省委十二届历次全会和十三届二次全会的工作部署，是广东以习近平新时代中国特色社会主义思想为指导，贯彻落实习近平总书记对广东系列重要讲话和重要指示精神，集中全省智慧形成的推动新时代广东改革发展的具体行动方案和施工图。

做好广东省委、省政府中心工作报道，就是要展现习近平新时代中国特色社会主义思想在广东的生动实践。作为广东的主流媒体，做好经济报道必须“踩准时机”，“抓住要点”，结合省委、省政府重大部署，切实围绕工作部署建立报道“坐标系”，展现广东“一张蓝图绘到底、一届接着一届干”的战略定力和实干进取精神，形成层叠效应，有效提振市场信心。

二 经济报道的新实践

面对新的经济形势和媒体格局，做好经济报道，特别是从地方经济发展出发做好报道，南方日报主要在三个“气”上下功夫，努力做到既观“天气”，洞察时势，也接“地气”，走到现场，更有“人气”，创新传播。

（一）观“天气”：加强预判，洞察时势

世界的未来充满不确定性。有学者认为，当今世界处在“乌卡 [VUCA，即 volatile（易变）、uncertain（不确定）、complex（复杂）和 ambiguous（模糊）的缩写] 时代”，其显著特点是越发不稳定的、不确定的、复杂的、模棱两可。世界变得越来越分裂，达成共识越来越难，经济前景越来越不明朗。中国经济早已深度融入全球化，不可能“独善其身”。

面对新形势，主流媒体应理性看待这些困难和问题，观“天气”，厘清中国经济的大格局、大趋势、大气象，更好发挥预期管理和思想引领的作用。

为此，南方日报经济报道主动加强研判、洞察时势，既看当下，也看长远，既看一地一企，也看整个行业整个国家。近年来，南方日报经济新闻部先后紧扣节点，围绕主题主线，推出“粤进‘十四五’”全媒体报道、“六稳六保一线行”全媒体系列报道、“护春耕　稳生产”策划报道、“大食物观”系列深调研、聚焦 RCEP 生效实施全媒体报道、“广东厂长”全媒体报道、走进广东大基建系列报道、“小微企业破与立”系列全媒体报道、“广东农险高质量发展”深调研等多个主题策划，通过一个个策划、一场场调研、一次次报道，传递稳住经济大盘的发展信心和坚定决心，有效引导社会预期和发展信念。

做好形势报道是经济报道的重要抓手，必须“踩准时机”。结合每季度、半年度经济数据发布等重要节点，南方日报综合运用新闻述评、新闻分析、数据图表、专家访谈等多种形式，从“数据怎么看”“当前怎么看”“长远怎么看”等多个维度进行全方位解读。

如 2021 年，正值“十四五”开局之年，南方日报踩准节点、精心准备，推出“粤进‘十四五’　聚焦新发展”全媒体系列报道，全网独家首发文件及图解。紧接着，2022 年 1 月起，南方日报推出“奋进新征程　建功新时代”之“开新局”系列，刊发头版重点通讯和连续十篇整版专题报道，全面梳理上一年工作亮点，全方位呈现广东牢记嘱托、感恩奋进的新实践新进展。

又如 2022 年第一季度，广东经济运行总体平稳，但受内外环境超预期影响，稳增长仍面临不少困难和挑战。经济数据发布后，南方日报连续推出 5 篇“六稳

六保一线行·季度观”系列报道，从市场主体、外资外贸、重大项目、农业生产和金融服务五个方面观察广东第一季度经济运行特点，把握发展态势，寻找全国第一经济大省经济坚韧前行的暖意。

同时，南方日报特别注重发掘经济现象、经济数据背后的经济活动规律，从世界经济总体态势理解中国经济竞争力，阐析广东经济潜力和底气。2022 年 7 月 19 日，在广东上半年经济数据发布次日，《南方日报》在头版头条首次推出 7000 多字的长篇经济述评《中流击水再奋楫——2022 年中广东经济观察》。长篇述评不仅关注广东经济基本盘的“稳”和新动能的“进”，还高站位分析广东经济前景，指出当前广东投资、消费、进出口等增长的基础还不牢固等挑战，提出稳经济还需要付出更加艰苦的努力，要全力以赴推动第三季度经济有较好上升，努力实现全年经济发展目标，为全国稳住经济大盘作出广东努力、广东贡献；并从外资增资扩产信心十足、惠企政策持续释放利好、重大项目拉动内需支撑未来发展等方面，在“双区”和横琴、前海两个合作区建设等重大历史机遇、全力推进南沙深化面向世界的粤港澳全面合作等宏观背景下，看好广东经济的后劲和前景。

（二）接“地气”：增强“四力”，走到现场

经济报道要着眼于稳定预期、增强信心，并不是说对存在的问题可以视而不见、听而不闻。接“地气”的经济报道，要敢于揭示问题并解释原因、展示趋势，以有理有据的报道做好经济预期管理。

为了更好地接“地气”，南方日报积极推动记者进一步增强“四力”，深入工厂车间、田间地头等一线调研，与企业家、科研人员、产业工人、农民群众交谈交心，了解他们的所思所想、所期所盼，并通过报道将这些心声传递出来。

如 2020 年推出的“百名记者百村蹲点”系列报道，超百名记者奔赴脱贫攻坚最前线，深入广东具有代表性、典型性的相对贫困村蹲点调研采访，记录脱贫历程与发展变化。系列报道在《南方日报》重要版面、南方+首页显著位置持续推出，引发广泛关注，取得较好传播效果。

又如，在“小微企业破与立”系列全媒体报道中，将报道视角聚焦广州白马

服装专业市场小微企业、专精特新企业、普宁纺织企业以及餐饮新企业这四类市场主体，调研团队深入一线，不回避困难和问题，从小切口观察广东经济冷暖，呈现经济下行压力下企业如何"自救"转型，用生动的案例展现了广东经济的韧性和助企纾困政策的成效。

再如，在"广东农险高质量发展"深调研中，围绕2022年中央一号文件首次提出的"强化乡村振兴金融服务"主题，南方日报组成调研团队，共派出14名骨干记者，历时25天，奔赴广东12个地市，行程超4600公里，遍访276名采访对象，以座谈交流、专家研讨、单个专访、走访以及深入田间地头、农户农企采访等方式，全面总结两年广东农险高质量发展的经验，得到广东银保监局、全省各保险机构的高度关注和积极传播。

长期持续的强"四力"、走基层，为南方日报重磅经济观察备足"弹药"。《中流击水再奋楫——2022年中广东经济观察》长篇述评便以半年来的调研为基础，走进田间地头，看广东如何保障"米袋子""菜篮子""果盘子"生产供应充足；走进佛山、东莞、汕头、韶关等地的中小企业，看广东如何用政策的"活水"滋润市场主体"长青"；走进商贸消费现场，看广东如何多措并举持续推动"烟火气"回归；走进南沙港、盐田港等港口一线，看广东如何畅通物流"堵点"；走进大项目建设现场，看珠三角水资源配置工程、深中通道、巴斯夫（广东）一体化项目等新进展，看新能源新基建项目带来的新动能。

将笔尖和镜头对准人民群众高度关注的经济问题，回应企业和群众的真正关切，南方日报以一组组接"地气"的报道，直面热点难点、回应质疑批评，有效厘清形势、稳定预期，传递迎难而上的正能量，激发更持久的信心和力量。

（三）有"人气"：创新传播，出新出彩

经济报道要出新才能出彩。当前，南方日报致力于全媒体、智库化转型，依托南方+，综合运用视频、图表、海报、动漫等全媒体手段，让经济报道跃然端上，做到外行不觉深、内行不觉浅。

南方日报依托"南方名记培育工程"，在经济领域分别推出《励行天下》《乡行

漫记》《唐唐探湾区》等新媒体栏目。《励行天下》是与外国嘉宾搭档的体验式视频节目，主要反映广东“双循环”一线的经济现场。《乡行漫记》围绕乡村振兴主题，通过视频展现广东保粮食生产、助农业产业的创新做法。《唐唐探湾区》则是聚焦粤港澳大湾区的视频产品，通过与港澳人士对话、走进合作园区等，展现广东加快粤港澳大湾区建设步伐的进程。此外，还推出《走进广东大基建》《简笔画财经》等新媒体栏目，走进基建现场，普及经济常识，稳定经济预期，提振发展信心。

经济报道要有“人气”，在创新传播手段的同时，内容创新、文本创新同样重要。2022 年 8 月，南方日报推出“时光经济”系列报道。第一篇《广东经济 24 小时：昼夜流转　活力不息》，按一天 24 小时的时间顺序，串联起遍及全省 21 个地市、覆盖经济活动方方面面的故事，展现广东昼夜不息的经济活力。第二篇《走近深夜的广东经济：繁星流动　拼搏不眠》和第三篇《走近假日里的广东乡村经济：留住乡愁　致富不愁》，通过“深夜”和“假日”两个非典型的生产时刻，展现广东“从日到夜的拼搏”和“从城到乡的活力”。在文本创新上，该组报道借鉴非虚构写作的手法，将故事的感觉和情绪代入新闻中，用柔软的笔触带来真实故事的情感冲击力，在夹叙夹议中让“烟火气”的温暖沁入人心，报道引发读者强烈共鸣，并被多家媒体平台转载，展现广东经济大省挑大梁的担当。

在 2022 年“广东向‘新’力”全媒体报道中，十幅“古诗新解”创意海报融合国风元素和现代科技感，比如创意海报以“凤箫声动，玉壶光转，一夜鱼龙舞”来形容“关灯也能正常运转”的智能制造工厂，海报组图广受好评，呈现出圈之势，被人民网、粤港澳大湾区门户网、腾讯以及粤学习 APP 等广泛转载。

在多年的实践中，南方报业在战略层面始终坚持“内容一体化生产、技术一体化支撑、经营一体化统筹”，在战术层面上深入实施“移动化、平台化、可视化、智慧化”的融合转型之路，取得显著成效。南方日报经济新闻部将继续深入媒体融合实践，围绕中心、服务大局，在经济报道中不断提升观“天气”、接“地气”、有“人气”的能力，在新阶段经济高质量发展中做出更优质的报道，实现更广泛的传播，取得更深远的影响力。

融
动力

南方日报经济报道创新实践

第二章

融·思想

党的十八大以来，以习近平同志为核心的党中央高瞻远瞩、统揽全局、把握大势，提出一系列新理念新思想新战略，指导我国经济发展取得历史性成就、发生历史性变革，在实践中形成和发展了习近平经济思想。

作为习近平新时代中国特色社会主义思想的重要组成部分，习近平经济思想体系严整、内涵丰富、博大精深，深刻回答了新时代经济发展怎么看、怎么办、怎么干等一系列重大理论和实践问题，是中国共产党不懈探索社会主义经济发展道路形成的宝贵思想结晶，是马克思主义政治经济学在当代中国、21 世纪世界的最新理论成果，也是我国经济高质量发展、全面建设社会主义现代化国家的科学指南。

2020 年以来，在以习近平同志为核心的党中央坚强领导下，广东沉着应对百年变局和世纪疫情，加快打造新发展格局战略支点，坚定不移推动高质量发展，深入贯彻落实省委、省政府工作部署，同全国一道如期打赢脱贫攻坚战，如期全面建成小康社会，改革开放取得重要进展，经济实力实现连年跃升，高质量发展迈出大步，踏上向第二个百年奋斗目标进军新征程。

南方日报经济新闻部始终坚持用习近平新时代中国特色社会主义思想武装头脑、指导实践、推动工作，把学习、理解和实践习近平经济思想融会贯通，为新形势下主流媒体做好经济报道注入源头活水、奠定坚实基础。

一 紧扣"三新一高"发展要求

从 2020 年到 2022 年，这三年注定是在历史长河中留下特殊印记的年份。

一场前所未有的疫情突如其来，广东历经复工复产难、多年罕见的极端天气、货物"塞港"、支柱产业缺"芯"、能源电力供应紧张……挑战重重。

面对老问题、新情况，经济行稳致远面临多重挑战，全国第一经济大省显示出超乎预期的发展韧性，在着力稳定宏观经济大盘中展现广东担当。

落实"三新一高"要求，广东全省上下凝心聚力，推动各项工作向打造新发展格局战略支点发力。2021 年地区生产总值达 12.44 万亿元，连续 33 年居全国首位。继广州、深圳之后，佛山、东莞跻身万亿元级城市行列。全省市场主体超过 1500 万户，形成 7 个万亿元级产业集群，区域创新能力连续 5 年居全国第一。高速公路通车总里程在全国率先突破 1 万公里，实现市市通高铁，港口集装箱吞吐量、机场旅客吞吐量稳居全国第一。

眼前，是史无前例的历史机遇；脚下，是新时代赶考的漫漫征途。

在每一个重要的历史节点、每一个重大的经济现场，南方日报经济新闻部从未缺席。

通过全面系统、及时跟进、深入思考、联系实际地学习习近平经济思想，我们不断提高把握新发展阶段、贯彻新发展理念、构建新发展格局的能力和水平，积极推动记者强“四力”，深入企业、码头、项目、工厂等一线调研，用生动笔触描绘南粤大地只争朝夕、生机勃勃的景象。

一是以大项目为切入点，观察广东稳经济发展新布局。2020 年 4 月，南方日报经济新闻部推出“大湾区·大项目——广东新产业布局系列观察”，从 5G、水利、高铁、石化、海上风电等领域入手，走进重大工程建设现场，紧扣发力“新基建”、污染防治攻坚战、制造业高质量发展、“一核一带一区”区域发展新格局等重大战略部署，采访相关行业企业代表专家，挖掘广东经济发展亮点，深入透视重大项目建设背后的发展新布局。2021 年推出“大项目·大未来”系列报道，关注水利、港口、交通、产业、绿色能源、环保、金融等重点领域，全方位展现重大项目如何推动广东高质量发展、助力开创美好未来。2022 年，又推出《大项目　挑大梁》《走进广东大基建》等栏目，聚焦全省各地新近开工的重大项目建设，详细介绍环北部湾广东水资源配置工程、巴斯夫（广东）一体化基地、TCL 华星光电广州 T9 项目、粤东三江连通后续优化工程等重大项目投产、开工背后的深刻意义，展现广东自我加压、敢于担当、勇挑大梁，坚决扛起稳定宏观经济运行的政治责任。

二是抓住重大规划文件，解读广东经济社会发展新走势。2021 年是“十四五”开局之年，南方日报经济新闻部精心准备，推出“粤进‘十四五’ 聚焦新

南方日报

"绿水青山就是总书记给咱指的新门路"

中办国办印发通知

做好全国"人民满意的公务员"和"人民满意的公务员集体"推荐评选工作

形成爱读书、读好书、善读书的浓厚氛围

奋进新征程 建功新时代

一季度广东先进制造业增加值增长5.9%，工业投资增长34.8%

1500万市场主体坚韧前行

第131届广交会闭幕 参展企业收获丰

发展"全媒体系列报道，全网独家首发文件及图解，以"视频直播 + 亮点快讯 + 关键词海报"的方式对省政府新闻发布会进行实时播报，随后推出一组"深度解读 + 专家专访"，从"双区"引领、战略支点、都市圈、数字化等重点领域，结合广东发展实际、未来规划进行点面结合的深入解读。紧接着，与展望"十四五"相衔接，南方日报于 2022 年 1 月起推出"奋进新征程　建功新时代"之"开新局"系列，以"头版重点通讯 + 连续十篇整版专题报道"的形式，全面梳理上一年工作亮点，全方位呈现广东牢记嘱托、感恩奋进的新实践新进展，策划大气、站位高远、催人奋进，展现新年南粤新气象。

三是及时专业权威发声，实现主流舆论"定音锤"作用。随着国际环境复杂多变，国内疫情多点散发，广东经济下行压力进一步加大。如何强化国际视野、大局眼光，科学分析研判广东经济形势，给社会以引导，为企业增信心？南方日报经济新闻部及时发声，结合每季度、年终数据发布等重要节点，综合运用新闻述评、新闻分析、数据图表、专家访谈等多种形式，多维度进行全方位解读。如 2022 年第一季度，南方日报推出"六稳六保一线行·季度观"系列报道，从市场主体、外资外贸、重大项目、农业生产和金融服务五个方面观察广东第一季度经济运行特点，把握发展态势，增强全国第一经济大省经济坚韧前行的底气和信心。在上半年经济数据发布的重要节点，南方日报又推出"从半年报看广东稳住经济大盘"系列经济述评全媒体报道，以"1 篇全局经济观察述评 +4 篇分领域分析报道"的形式，总结、分析和提炼广东经济发展上半年成就和下半年趋势，正面引导，鼓舞士气，提振信心。其中头版长篇经济述评用农业、工业、商贸服务业等各领域各行业的一线故事反映广东上半年经济运行状况，深度观察广东经济运行全景，高站位分析广东经济前景；四个分领域的述评报道，聚焦产业、内需、外贸和农业四个领域，紧扣上半年经济数据，结合大量案例，通过严密分析论证，全面揭示广东经济发展的新特点和新趋势，得出广东成功稳住经济大盘的重要判断，进一步稳定社会预期，实现主流舆论“定音锤”作用。

二 以湾区报道为重中之重

围绕党中央、国务院的重大决策、战略部署组织开展重大主题报道，是主流媒体的职责使命，也是地方党报深耕政经报道的重要抓手。

习近平总书记亲自谋划、亲自部署、亲自推动粤港澳大湾区和横琴粤澳深度合作区、前海深港现代服务业合作区建设，对广东工作作出一系列重要指示批示，赋予广东新的重大机遇、新的重大使命。

在持续数年的报道中，重大题材报道如何持续跟进又推陈出新？重要节点如何兼顾时效性和节奏感？重点领域如何点面结合又精准发力？我们深感做好优质政经报道的不易，唯有持续深耕、扎根一线，始终保持对政经题材的新闻敏感和新鲜感，才能渐积有成，不断提高政经报道的质量和生命力。

一是数年如一日深耕重大题材领域，实现厚积薄发。2017 年 7 月 1 日，习近平总书记在香港亲自见证《深化粤港澳合作　推进大湾区建设框架协议》签署。南方日报经济新闻部作为长期关注国计民生和全省经济发展的采编部门，敏锐地意识到，粤港澳大湾区作为习近平总书记亲自谋划、亲自部署、亲自推动的国家战略，必将成为广东今后相当长一段时间的核心工作，纲举目张，牵一发而动全身，如何重视都不为过。

于是，南方日报经济新闻部组建粤港澳大湾区工作室，上线“粤港澳大湾区”南方号和广东省粤港澳大湾区移动资讯门户暨南方+粤港澳大湾区频道，打造粤港澳大湾区权威信息中枢，先后推出“世界级湾区深调研”之国际湾区篇、金融篇、港澳篇、广东篇和“日本行思录”，为高质量建设粤港澳大湾区提供思路借鉴。

数年如一日的深耕，打开了报道团队的观察视野，点点滴滴渗透进团队的知识储备、呈现在稿件的文本案例中。在《粤港澳大湾区发展规划纲要》正式发布接近半年时，以广东省出台《关于贯彻落实〈粤港澳大湾区发展规划纲要〉的实施意见》和《广东省推进粤港澳大湾区建设三年行动计划（2018—2020年）》为由头，《南方日报》头版推出重点通讯《奋进大湾区　乘风破浪时》，获得了2019年度中国新闻奖"文字通讯与深度报道"一等奖。

2021年9月5日、6日，《横琴粤澳深度合作区建设总体方案》（下称"横琴方案"）、《全面深化前海深港现代服务业合作区改革开放方案》（下称"前海方案"）相继发布，赋予了广东新的重大机遇和重大使命，也为广东在全面建设社会主义现代化国家新征程中走在全国前列、创造新的辉煌注入强大动力。

南方日报经济新闻部与集团内多个采编部门携手合作，充分发挥党报、党端优势，运用重点通讯、社论、系列评论、短视频、直播、网文、长图、海报等全媒体手段，全方位、深层次、多角度呈现粤港澳三地学习贯彻落实、解读、反响情况。前后投入报纸版面约50个版，发布新媒体相关稿件200余篇，采访港澳创业青年超百名，将两个合作区宣传持续推向深入。

二是内外宣并重，全渠道传播覆盖广泛。随着我国综合国力和国际地位的不断提升，国际传播事业驶上发展的快车道。习近平总书记强调，讲好中国故事，传播好中国声音，展示真实、立体、全面的中国，是加强我国国际传播能力建设的重要任务。要采用贴近不同区域、不同国家、不同群体受众的精准传播方式，推进中国故事和中国声音的全球化表达、区域化表达、分众化表达，增强国际传播的亲和力和实效性。

南方日报经济新闻部报道团队在两个合作区的报道中，从内容生产环节就重视读者思维，针对境外读者受众的阅读习惯，生产不同的产品。

在内容生产上，报道团队推出了多档粤语特别节目。例如，"南方名记者"唐子湉工作室推出了《唐唐探湾区》系列Vlog视频——《澳门青年为何喜欢在横琴创业？》《香港青年偏爱的前海，是你心中的创业天堂吗？》《粤澳青年在此结缘中医药，传统文化 + 科技的魅力》。记者以 Vlog 打卡的方式走进横琴、前海的创业园区，结合两个合作区未来重点发展的产业和领域，帮助港澳青年加深对创业政策、创业园区的了解。视频从省心、省钱、赋能、便利、舒适这五个维度，对创业园区进行测评，通过扎实的采访、真实的故事及案例，为港澳青年提供真实细致的参考。视频采用粤语录制，港味的互联网表达方式，获得港澳青年“港人港味港服务、港言港风港味道”的点评。

另外，特色栏目《湾区新青年》持续更新，代表性人物——澳门特区前行政长官崔世安之侄、澳门执业律师崔天立在接受采访时，用粤语讲述他在横琴发展的故事。视频以设计统一口号结尾，崔天立的口号“湾区新青年，‘法’展魅力，‘法’展我所长”既展现了其作为澳门律师的个性特色，也强化了读者对该系列作品的印象。

在传播渠道上，打通平台壁垒，让优质产品能传达至境外受众。南方日报发挥与海外媒体的合作优势，先后在《加拿大商报》、《美中报导》、《星暹日报》（泰国）、《华商报》（柬埔寨）、《国际日报》（美国）等报纸相关版面刊发重点报道，覆盖美国、加拿大、新加坡、泰国、柬埔寨等多个国家众多华侨华人群体，重点介绍了港澳青年在前海、横琴创业的故事。

三是调动三地资源，全方位动员富有成效。在重大主题宣传报道中，传统纸媒的优势在于分析和思辨，对发布内容的深度解读往往比较透彻。邀请在某一类领域具有影响力或有卓越研究成果的知名人物进行专访，有助于将晦涩难懂的内容转化成通俗易懂的解释，又可借助意见领袖的作用，扩大新闻报道的影响力。

因此，报道团队充分调动粤港澳三地的采访资源，广泛发动政商学界人士参与两个方案的热议、解读、献策，全方位动员，让两个合作区建设的重大意义深入人心。

抓住“关键少数”，彰显报道公信力。南方日报、南方⁺先后专访了 13 位专家学者，及时深入全面解读两个方案的背景、意义和作用，阐明政策精神，引导社会舆论，鼓舞发展信心。受访的专家学者大都亲身参与过两个方案的起草工作，部分专家来自国家部委，例如国家发改委区域发展战略研究中心区域战略一室负责人、副研究员张燕，中国国际经济交流中心产业规划部部长、研究员王福强，商务部国际贸易经济合作研究院副院长张威等；部分专家对粤港澳三地的建设、发展有十年以上的持续研究，如中国（深圳）综合开发研究院常务副院长郭万达、中山大学粤港澳发展研究院首席专家陈广汉、香港"一国两制"研究中心研究总监方舟等；部分专家在金融、产业、法治建设等领域长期从事研究、管理工作，如工银国际首席经济学家程实、中国人民银行广州分行行长白鹤祥。他们不仅深入阐释，还对相关领域的落实推进给出具体可行的建议意见。

抓住"代表人士"，有效触达特定群体。邀请在港澳各界具有高声望的权威人士充分发声，提升对外传播力。如港交所前行政总裁、滴灌通创始人及主席李小加生动地用水来比喻金融环境，用咸水鱼、淡水鱼分别比喻国际金融资本和国内金融资本；澳门大学校长宋永华感叹，横琴新校区的落成为澳大办学条件带来了质的飞跃；信德集团行政主席兼董事总经理何超琼赞叹横琴方案是"全世界独一无二的发展机遇"，寄语澳门青年要把握机会，在横琴合作区建设的大舞台上发挥自己的价值。这些港澳人士的重磅发声，与内地专家的分析解读形成强烈呼应，起到了良好的宣传效果。

抓住"年轻群体"，倾听湾区青年心声。广泛采访了在横琴、前海等地创业、就业的港澳青年超过百名，持续十多天开展热议，倾听港澳青年心声，讲述湾区青年故事，在青年群体中引发巨大反响。此外也动员了相关省直厅局主要领导、金融机构负责人、粤港澳三地企业家群体发声，内容饱满，组织丰富，充分展现出粤港澳三地各界群众对两个合作区建设的强烈拥护和巨大热情。

三 全面展示同奔小康广东实践

国以民为本，社稷亦为民而立。

2020 年以来，广东迎着风雨上，战疫情、稳经济、化危机、应变局，打赢了一场又一场硬仗，夺取了一个又一个胜利，如期完成“十三五”规划目标任务，决胜全面建成小康社会取得决定性成就，民生福祉得到实实在在提升，人民群众在共建共享发展中得到更多实惠。

南方日报经济新闻部始终以习近平总书记关于打赢脱贫攻坚战的一系列重大论述作为指引，坚持围绕中心、服务大局，充分发挥党报的权威信息优势，在脱贫攻坚、全面小康等重大主题上持续跟踪，推出一系列重磅报道，打造一系列重大策划，生产一系列重要产品，全方位、多角度为广东脱贫攻坚工作鼓与呼，全力讲好广东脱贫攻坚故事，向世人展示同奔小康的广东答卷。

一是践行“四力”，脱贫攻坚作品沾满泥土味。南方日报经济新闻部紧跟省委、省政府的重大部署，在脱贫攻坚报道中积极践行“四力”，深入广东具有代表性、典型性的相对贫困村蹲点调研采访，讲好广东脱贫攻坚故事。

2020 年，《南方日报》开设《决战决胜脱贫攻坚》栏目，记者分组深入一线采访报道，推出“百名记者百村蹲点”系列报道。记者们奔赴脱贫攻坚最前线，感受广东乡村面貌变迁，细看生产生活巨变，感悟奔赴小康之路的磅礴力量，展现决战决胜脱贫攻坚的广东智慧、广东担当。该系列报道在《南方日报》重要版面、南方$^+$首页显著位置持续推出，引发广泛关注。

二是盛事有“我”，重点策划报道持续出新出彩。南方日报经济新闻部始终紧抓各重大节点，紧密结合全省不同时期的脱贫攻坚重大任务，在每一年的“6·30 广东扶贫济困日”和“10·17 国家扶贫日”推出重大策划，浓墨重彩展现广东脱贫攻坚的成效和经验。

2020 年 6 月 30 日是第十个广东扶贫济困日，南方日报经济新闻部主导策划推出共计 56 个版的脱贫攻坚主题特别报道，推出“十周年十个好故事”征集活动，根据十年以来的扶贫济困日成就，从形成了一个扶贫大格局、锻炼了一支队伍、改变了一批村庄等角度撰写十周年综述，形成了巨大的社会影响。

在 2021 年全国脱贫攻坚总结表彰大会次日，南方日报经济新闻部统筹推出 18 个版全景式展现脱贫攻坚成就，头版连发两条消息，其中《广东 161.5 万相

南方日報
习近平同法国总统马克龙、哥伦比亚总统杜克通电话
全国脱贫攻坚总结表彰大会在京隆重举行
广东161.5万相对贫困人口全部脱贫
扶贫英雄载誉归来

南方日報
照亮前路的真理光芒
习近平给北京大学的留学生们回信
加快建设更高水平的平安广东　不断增强人民群众获得感幸福感安全感
进一步增强打好疫情防控硬仗的责任感紧迫感　全力以赴抓好疫情防控各项工作
伟大战役的广东篇章

对贫困人口全部脱贫》对广东脱贫攻坚取得的经验进行了有高度、有深度的展现，《扶贫英雄载誉归来——开启新征程实现乡村全面振兴》是接机采访一线短新闻，现场感强，同时还推出习近平总书记在全国脱贫攻坚总结表彰大会上的重要讲话反响稿，以及深度报道《“一场战役、两个战场”上的广东战贫之策》，由点及面，提炼总结经验，充分体现脱贫攻坚的广东智慧。

2021 年全省脱贫攻坚总结表彰大会召开之际，南方日报经济新闻部统筹推出全媒体系列报道，紧扣会议精神，推出头版综述、政策解读、会议反响、人物群体通讯、专家访谈、先进事迹等，产品丰富，内容全面。尤其是大会当天推出头版综述《伟大战役的广东篇章——我省全面打赢脱贫攻坚战述评》，高屋建瓴，宏伟大气，再次盘点广东脱贫攻坚成就。

三是融合推进，抢占传播制高点。为了全面呈现全省驻村干部打赢疫情防控和脱贫攻坚“双战役”的感人事迹，南方日报经济新闻部在南方+“广东乡村振兴发布厅”频道开设《驻村干部战疫记》栏目，以日记、图文体验故事等形式开放生产，分享全省广大驻村干部在疫情防控和脱贫攻坚中的切身体会和感人故事，共发表文章三十余篇。在 2020 年广东扶贫济困日推出“广东乡村舌尖脱贫故事·至味”微纪录片、“脱贫攻坚看担当，一起来为他们打 call”H5、“叮！成功解锁 3D 漫游套餐”H5、“厉害！这些人一开口，枯燥的数据就跳起来了”数据短视频等系列新媒体产品，为广东脱贫攻坚营造良好的舆论氛围。

2021 年全国脱贫攻坚总结表彰大会为全国脱贫攻坚楷模荣誉称号获得者颁奖，对全国脱贫攻坚先进个人、先进集体进行表彰。南方日报经济新闻部精心策划，联合多个部门，连续、有章法地推出系列新媒体产品，掀起一波波宣传高潮。其中，既有科普短视频《今天，这个群解散了！》，又有《数说广东脱贫攻坚成就》九宫格系列海报，加上个案微纪录片《冬去春来》、微视频《甜蜜使者》、六组系列数据短视频等，新媒体产品矩阵齐发力，浓墨重彩。

（主笔：吴　哲）

案例

奋进大湾区　乘风破浪时

炎炎夏日，广州市南沙区龙穴岛上，深中通道沉管隧道首个管节钢壳顺利出运，意味着粤港澳大湾区的又一个“超级工程”取得突破性进展。

狮子洋入海口，南沙大桥一桥飞架，车辆往来穿梭。作为《粤港澳大湾区发展规划纲要》(下称《规划纲要》)发布后首个投用的重点工程、民生工程，南沙大桥打通了大湾区互联互通的新动脉。

若网在纲，有条而不紊。

今天，广东正式发布《关于贯彻落实〈粤港澳大湾区发展规划纲要〉的实施意见》(下称《实施意见》)以及《广东省推进粤港澳大湾区建设三年行动计划(2018—2020 年)》(下称《三年行动计划》)。这是广东推进大湾区建设的时间表、路线图和任务书——分“三步走”，布局缜密，全面铺开；百项任务，方向明确，蓄势待发。

南方日报

商务部：如中美达成协议 美方加征的关税必须全部取消

省委常委会召开会议

高质量开展主题教育 深入推进自我革命

李希主持会议

红色土地上的不变初心

省委、省政府印发关于贯彻落实《粤港澳大湾区发展规划纲要》的实施意见

广东省出台推进粤港澳大湾区建设实施意见和三年行动计划

广东警方曝光42款违规APP

省政府常务会议召开

奋进大湾区　乘风破浪时

此时，距离习近平总书记亲自见证《深化粤港澳合作　推进大湾区建设框架协议》签署，恰满两年整。

特别是2019年2月18日，《规划纲要》正式发布以来，大湾区建设进入了全面实施、加速推进的新阶段。广东携手港澳，一步一个脚印，推动国际一流湾区和世界级城市群的美好愿景加快成为现实。号角再次吹响。大湾区愿景清晰可见，美好蓝图徐徐展开……布局起笔就不凡。

在中新广州知识城，广州粤芯半导体技术有限公司厂区正在进行量产前的最后准备。“我们2017年12月成立，2018年5月生产基地开始动工，预计今年9月开始试量产。这是世界级的速度。”粤芯半导体技术有限公司副总裁李海明说。

大湾区跑出新速度背后，一个个重大项目快速起步、快马加鞭，让人们对这片热土的未来充满信心和憧憬。

大发展需要大战略，大战略需要大手笔。

建设粤港澳大湾区，是习近平总书记亲自谋划、亲自部署、亲自推动的重大国家战略。总面积5.6万平方公里、总人口约7000万人，作为全国开放程度最高、经济活力最强的区域之一，这幅铺陈在南海之滨的恢宏蓝图，注定起笔不凡。

2017年7月1日，习近平总书记在香港亲自见证国家发改委和粤港澳三地政府共同签署《深化粤港澳合作　推进大湾区建设框架协议》。当年10月，习近平总书记在党的十九大报告中强调，要支持香港、澳门融入国家发展大局，以粤港澳大湾区建设、粤港澳合作、泛珠三角区域合作等为重点，全面推进内地同香港、澳门互利合作。

战鼓声声催人进，不待扬鞭自奋蹄。

2018年8月15日，粤港澳大湾区建设领导小组全体会议在北京召开。四天之后，广东省推进粤港澳大湾区建设领导小组全体会议在广州举行，“举全省之力推动粤港澳大湾区建设”的动员令迅速传遍南粤大地。

今年 2 月 18 日，中共中央、国务院印发《规划纲要》，对粤港澳大湾区的发展目标、空间布局等方面作了全面规划。2 月 27 日，广东省推进粤港澳大湾区建设工作会议在广州召开，“扎扎实实抓好《规划纲要》任务落地落实”的部署令掷地有声。

纲举目张，执本末从。

2018 年 8 月以来，广东先后召开四次推进粤港澳大湾区建设领导小组全体会议，深入学习贯彻习近平总书记关于粤港澳大湾区建设重要指示精神和粤港澳大湾区建设领导小组会议精神，确保大湾区建设始终有力有序有效推进。

广东大地，热潮涌动。基础设施互联互通、构建现代产业体系、港澳青年创新创业基地建设等 6 个专项小组相继成立，并提出“三步走”目标：到 2020 年，大湾区建设打下坚实基础，在规则相互衔接和资源要素便捷有序流动等方面取得重大突破；到 2022 年，基本形成活力充沛、创新能力突出、产业结构优化、要素流动顺畅、生态环境优美的国际一流湾区和世界级城市群框架；到 2035 年，全面建成宜居宜业宜游的国际一流湾区。

“湾区经济正在成为全球经济的重要增长极。粤港澳大湾区战略的提出顺应天时地利人和，是一种逻辑必然，更是一种规律使然。”在经济学家、国家发改委原副秘书长范恒山看来，粤港澳大湾区蕴藏着巨大的发展活力和潜力。

百舸争流千帆竞

近日，经广东省政府同意，广东省发改委正式印发《东莞滨海湾新区发展总体规划（2019—2035 年）》。这是《规划纲要》出台后，广东省政府审议通过的首个省级新区发展规划。按照规划，从滨海湾站出发，乘坐轨道交通 6 分钟到达深圳、35 分钟到达广州、40 分钟到达香港，“大湾区 1 小时交通圈”再添新优势。

对于这样的变化，来自香港的创客马颂祺早已习以为常。他的公司最早在香港起步，如今产品运营在广州，生产加工在东莞，硬件测试在深圳，他笑称：“每周都要在大湾区这几个城市跑一圈。"

2018年10月23日，习近平总书记出席并宣布港珠澳大桥正式开通。如今，港珠澳大桥口岸已实现24小时全天候货运通关，日均客流量超7万人次，港珠澳大桥成为粤港澳三地要素流通的重要途径。

同样繁忙的还有广深港高铁香港段。港铁公司介绍，自2018年9月通车至今，广深港高铁香港段已接载超过1400万人次旅客往来香港和内地城市，日均乘客超过5.4万人次。

充满活力的世界级城市群，正焕发出越来越强的吸引力。而具有全球影响力的国际科技创新中心，让创新要素沿着新通道开启加速度。

今年1月，作为广东省政府2019年"一号文件"的"科创12条"——《关于进一步促进科技创新的若干政策措施》对外公布。其中，广东省科技计划项目向港澳开放、省财政科研经费可跨境港澳使用的改革突破，令不少港澳高校和科研机构大感振奋。

如今，沿着广深港澳科创走廊，串起了广州琶洲、东莞松山湖、深圳南山等数十个宛若明珠的创新产业园。舒糖讯息科技（深圳）有限公司CEO何耀威说："香港科技企业的市场空间大大扩容了，在大湾区，我看到了未来发展的无限可能。"

打造"一带一路"建设重要支撑，是粤港澳大湾区的另一使命。

今年4月9日，来自日本及粤港澳三地的1000多名政商人士齐聚东京，参加由粤港澳三地政府联合主办的粤港澳大湾区推介会。"大湾区已成为日本经济界越来越重视的地区，日本企业非常关注粤港澳大湾区政策措施的落地。"日中经济协会专务理事杉田定大说。

6月20日，粤港澳三地政府携手在巴黎共同主办粤港澳大湾区投资环境推介会。像这样的推介会，今年一共有10场。澳门基金会研究所副所长杨道匡建议，粤港澳大湾区城市可以联合起来，共同发起"海上丝绸之路沿岸联盟"。

内地与港澳深度合作示范区，为粤港澳发展提供新动能，也为内地与港澳更紧密合作提供示范。

今年 3 月，财政部、国家税务总局联合下发《关于粤港澳大湾区个人所得税优惠政策的通知》；6 月，广东省财政厅公布贯彻落实大湾区个税优惠政策的通知，明确在大湾区工作的境外高端人才和紧缺人才在珠三角缴纳的个税税负差额由九市政府给予财政补贴。至此，这一此前仅适用于珠海横琴、深圳前海的优惠政策，范围进一步扩大到大湾区。

宜居宜业宜游的优质生活圈，加强多元文化交流融合，建设美丽湾区。

3 月 23 日下午，1700 名市民伴随着蒙蒙细雨，在从化马场观看了一场世界级水平的纯演示性速度马术比赛。这是从化马场自去年 8 月正式投入使用以来首次举办赛事，也是香港赛驹首次在内地参与速度马术比赛。

香港青年施嘉祖说："以前会觉得我是香港人，现在可以说，我是粤港澳大湾区人。"

时不我待奋勇先

闻鸡起舞，日夜兼程。

就在《深化粤港澳合作　推进大湾区建设框架协议》签署两周年之际，广东推进粤港澳大湾区建设又出实招，正式发布《实施意见》以及《三年行动计划》。

广东省大湾区办负责人介绍，《实施意见》主要着眼长远发展，对标大湾区到 2035 年的建设目标，对未来十多年我省要重点推进落实的大事要事进行谋划，突出战略性和协调性；《三年行动计划》主要着眼中期安排，对近中期看得比较准的、可以加快实施的重点工作进行分工部署，进一步量化阶段性目标。

省委党校教授陈鸿宇认为，这两份文件紧紧围绕抓住建设粤港澳大湾区这个大机遇、写好这篇大文章这一主题，既坚持顶层设计统筹谋划，又坚持问题导向，敢出新招善出实招，是我省"抓紧抓实办好"大湾区的工作方案和目标任务书。

踏石留印，抓铁有痕。广东正一步一个脚印，对照《规划纲要》列出了详细的"任务清单"，全省各地各部门将"按图施工"、逐一落实、循序推进。

湾区建设，交通先行。

粤港澳大湾区要发挥极点带动作用和强化轴带支撑功能，离不开交通等基础设施的互联互通。

6月26日，横跨珠江口的跨江通道工程——深中通道的第一节沉管钢壳开始浮运，前往桂山岛的沉管预制厂进行混凝土浇筑。深珠通道正在加紧规划……珠江口东西两岸融合互动发展驶入快车道。粤港澳大湾区交通布局加快“落子”，将依托以高速铁路、城际铁路和高等级公路为主体的快速交通网络与港口群和机场群，加速形成高效连接的网络化空间布局。

湾区建设，产业为基。

全世界每生产10部智能手机，有一半是“广东制造”。改革开放以来，广东构建起以电子信息、家电和汽车为支柱的现代产业体系。这是建设粤港澳大湾区的坚实基础。《实施意见》提出，加快打造电子信息、汽车、智能家电、机器人、绿色石化五个世界级先进制造业产业集群，建设具有国际竞争力的先进制造业基地。

湾区建设，创新为核。

一条闪亮的“广州—深圳—香港—澳门”科技创新走廊正在粤港澳大湾区加速形成，越来越多的创新要素向其靠拢。这条科创走廊将创新资源串珠成链，形成重要的创新高地。创新合作，粤港澳三地优势互补，前景广阔。广东将携手港澳加快推进重大科技基础设施、重要科研机构和重大创新平台建设，面向重大科技领域持续攻坚，抢占科技竞争和未来发展制高点。

潮平两岸阔，风正一帆悬。承载着大湾区人民福祉和中国期待的粤港澳大湾区正在扬帆起航，加速向前。

（《南方日报》2019年7月5日A01版
吴 哲 郑佳欣 黄应来）

湾区逐梦人的日与夜

南湾湖畔，海风阵阵。夜晚，澳门青年、跨境说网络科技有限公司创始人周运贤登上 339 米高的横琴国际金融中心，向东方远眺：澳氹、友谊、西湾 3 座跨海大桥飞架南北，水面摇曳着澳门塔的璀璨倒影。

“别说跨境，每天 15 分钟从澳门到横琴，我几乎连跨城的感觉都体会不到。”扎根横琴 7 年，周运贤初心不改：“就要在这里，带动更多‘中国造’走上国际舞台。”

风带来故事的种子，时间使之发芽。

在南沙港，广州南沙联合集装箱码头有限公司副总工程师黄炳林在这里已坚守近二十年，将之视为第二故乡，“推广自动化码头技术、提升港口效率，我们要拿出湾区方案、贡献中国智慧”。

风吹过活力的土地，孕育新的生机。

在前海综合保税区内，深圳深创建控股集团有限公司董事长吴海波每天都会观察监管中心大屏上实时跳动的数据：“当报关单量剧增而单个重量却骤减时，我知道，商机来了。依靠智能化升级，我们以全国同类最小作业面积拿下了近 30% 的最大市场份额。”

建设粤港澳大湾区，是习近平总书记亲自谋划、亲自部署、亲自推动的重大国家战略。横琴、前海、南沙，是大湾区内三个重大合作平台，犹如珠江口的三颗亮星，闪耀夺目光芒，释放炽烈能量，引来无数青年才俊在这里追逐梦想、成就理想。

日升日落，斗转星移。在这片新的热土上，这些追梦人带着创业的燃情挥洒汗水、激荡青春，在相互成就中打开新的风口，在不懈奋斗中开辟新的赛道，在这最好的时代里，续写新的传奇。

结缘湾区
"讲好'一国两制'的故事"

9月的南沙港，艳阳高照，空气里带着淡淡的海腥味，暑气尚未消散。同样火热的是港口贸易，来自世界各地的巨轮在码头边靠泊有序，满载着货物的集装箱货车川流不息。这里是全球最繁忙的港口之一。

黄炳林犹记得18年前，第一次来到广州南沙龙穴岛时，四面环水，一片滩涂，无路无桥，人迹罕至。"我们从黄埔港区辗转坐了2个多小时的车、搭乘了半个小时的飞艇，才来到岛上。"

那是2004年初，毕业后分配到广州港黄埔港务分公司从事技术工作的黄炳林，得知南沙港区一期工程建设的消息，第一时间报了名，幸运地成为企业内部首批参与南沙港区一期建设的工程技术人员。

"当时岛上还没有交通工具，出行全靠一双腿，每次从临时办公室到现场至少步行半小时。"在黄炳林的书柜上，摆放着一张当年拍摄的照片：他站在塔吊前，皮肤因长期暴露在码头的强紫外线下而黝黑；背后是黄炳林在江苏、上海等地驻场3个多月后，带回岛上的第一批桥吊等设备。

在紧张的技术调试时期，黄炳林和同事吃住都在办公室，晚上就睡在办公桌上。不仅如此，岛上淡水资源匮乏，全靠船只运输，天气不好时淡水供给不足，建设工人们甚至几天才能洗一次澡。

"虽然条件艰苦，但我们的目标很坚定：南沙港区港口建设工程是造福子孙后代的，大家的劲儿都往一处使，就算脱几层皮、掉几斤肉，也要抢时间建成。"黄炳林说。正是这样的信念和决心，让建设者们创造了令人瞩目的"南沙速度"，仅用2年9个月就建成了4个10万吨级现代化集装箱深水泊位。2004年南沙港区集装箱码头一期工程顺利投产，标志着广州港成功实现了从河口港向海港的飞跃，也为广州拓展国际航运提供了条件和空间，千年商都"码头基因"再次被激活。

澳门青年周运贤前往横琴创业的决心，始于2014年12月19日。那天，习近平总书记在庆祝澳门回归祖国15周年大会暨澳门特别行政区第四届政府就职典礼上发表重要讲话，周运贤就在现场——

“习近平主席对我们澳门青年开拓‘一国两制’伟大事业寄予厚望，希望青年人勇于担当、奋力开拓，号召更多的澳门青年跨过濠江，来内地创业就业。我就是在那个时候从澳门来到了横琴。”

周运贤为公司起了一个好意头的名字：“既然跨境过来，就要讲好‘一国两制’的故事，‘跨境说’的名字由此而得。”生于澳门、长于横琴的国家高新技术企业跨境说公司由此诞生，周运贤开始了跨境上班的生活。“看着高楼大厦一天天建起来，各种软硬件设施不断完善，作为横琴第一代的逐梦者、建设者、见证者，非常有成就感。”他说。

深圳商人吴海波的个人轨迹，则因为前海而改变。

在他的记忆里，2014 年以前的前海是一片荒芜之地：“满地都是灰尘，高架桥正在施工，路上跑着的都是泥土车——这个地方给我的第一印象就像乡下一样。”

2018 年，习近平总书记在庆祝改革开放 40 周年大会上发表重要讲话，受到感召的吴海波将公司业务从罗湖迁至前海。那一年，港珠澳大桥正式通车，他备感振奋：“我们在跨境物流行业，最能体会粤港澳大湾区 1 小时交通圈建设带来的红利。”

2019 年 2 月，中共中央、国务院公开发布《粤港澳大湾区发展规划纲要》。也在这个春天，吴海波成立了深圳深创建控股集团有限公司。沐浴着大湾区的暖阳，昔日滩涂，已是树影婆娑，绿草如茵，高楼林立。“我很庆幸，我们选择了这样一个自主创新非常灵活的地方。”吴海波说。

初来前海注册企业的美好回忆让他津津乐道：“那天我起了个大早，大约上午 8 点去到前海 e 站通，所有的手续都通过电子化流程办理。下午 3 点左右，我们就拿到了营业执照。”

乘着新时代的东风，奋斗者们的事业从此开启新的篇章。

如今，在粤港澳三地共同努力下，国际一流湾区和世界级城市群建设迈出坚实步伐。2021 年，大湾区经济总量达 12.6 万亿元，比 2017 年增加 2.5 万亿元。横琴粤澳深度合作区、前海深港现代服务业合作区起步成势，广州南沙深化面向世界的粤港澳全面合作，展现出蓬勃生机。

创新攻坚

"我们选择的路是对的！"

走进南沙港区四期码头的智能操控中心，数十个电子显示屏一字排开，清晰展示着码头作业区的不同环节和场景。操作员按下按钮、推动操纵杆，即可在距离桥吊500米以外的中控塔远程操作大型设备，完成集装箱的精准吊装。

黄炳林对这里的每一台设备都熟悉得像老朋友。"传统码头作业，桥吊司机需要在45—50米的高空完成这项操作，一个人只能控制一台机器。而在我们全自动化码头，操作员可以同时远程操作多台机器，既节省人力，也提升了效率和安全性。"

全球首次采用新一代自动化集装箱码头技术路线、全球首例应用北斗导航系统和5G通信的自动化码头、全球首次大规模应用自动化单小车岸桥——每一项"全球首次"，都是建设者们心头最骄傲的成就。

然而，在2018年工程建设之初，黄炳林和建设团队却背负着巨大的压力和责任。智慧码头建设是广州港从大港迈向强港的关键一环，"这不仅意味着大额资本的投入，更重要的是，如何找到一条最合适的技术路线？"他曾有过短暂的迷茫和自我怀疑。

时间不等人，迎难也要上。在企业部署下，黄炳林第一时间奔赴国内外多个自动化码头考察、"取经"，用近一年的时间反复研究比对方案。

过去，大多数自动化码头采用磁钉导航技术，通过在码头地面布设磁钉，在自动导引车上配置天线，感应磁钉循迹进行导航。这项技术虽然成熟，但对于新建码头而言，工程量巨大，建设成本和维护成本高，灵活性较弱。

"30年前的老路，我们不走。"黄炳林的团队毅然选择一条全新的技术路线——北斗导航系统定位，打造全球首创北斗导航无人驾驶智能导引车IGV。

彼时，北斗导航精确定位技术还未商用，这个想法还只是纸上谈兵。2020年6月，北斗三号系统完成全球组网的消息传来，黄炳林异常兴奋："我们选择的路是对的！国产自主可控的导航技术已经可以应用到我们的项目上了。"

然而另一个难题随之而来：是采用进口信息系统，还是开展国产自主开发？

"内部也有不同声音，但是假如一颗磁钉都需要进口，我们如何实现主要技术的自主可控？”在黄炳林看来，国产化是毋庸置疑的选择。

在黄炳林的柜子里，有5本厚厚的技术规格书，每本约700页，每一版都不同。这是四期工程的前期总体规划时，他带领团队潜心编写的近57万字文献，为打造全自动化码头“广州方案”奠定了坚实的基础。“那段时间，我们每天工作到凌晨一两点，方案改了不下几十版。”

苦功不负奋斗者。智能化改造后的码头，在同等规模下节省人力约七成，码头安全生产水平也大幅提升。目前，广州港将此模式复制应用在南沙港区三期集装箱码头，正逐步推动传统集装箱码头向半自动化、全自动化升级改造。

在“特区中的特区”前海，吴海波成了“第一个吃螃蟹”的人。

2020年7月，海关总署启用“9810”海关监管代码，允许境内企业先将货物出口至海外仓，实现交易后再送达境外购买者手上。

“全世界的海外仓就近发货，可为客户节省不少物流运输时间。”7月1日凌晨，吴海波和同事守在电脑前，成功完成全国首票“9810”报关单。这份报关单被永久保存在了中国海关博物馆。

在综保区里，新业态快速迭代。依托“MCC前海”物流模式，跨境电商商品在这里可拼、能拼、联拼，还实现了跨境电商海陆空铁全路径立体式“出海”。

2021年，《全面深化前海深港现代服务业合作区改革开放方案》发布，前海不仅从物理上扩区，更从对外开放能级上释放乘数效应。“前海就像一个朝气蓬勃的少年。”在吴海波看来，前海天然带有改革创新基因和极大的包容性：“只要你敢想敢闯，前海是最好的地方。”

事实上，像这样的创新型企业，在大湾区比比皆是。数据显示，广东省现有高新技术企业超6万家，其中绝大部分都分布在粤港澳大湾区，比2017年净增加2万多家。

联通世界

“不断贡献中国智慧、湾区方案”

在珠海横琴澳门青年创业谷17栋C座，两块LED屏幕格外醒目——中国与葡语系国家及拉美国家双边贸易数据表中，淡蓝色的柱状图逐年增长；另一边，在跨境说“综合服务平台”上点击选择性别、年龄段、关键词等，就能获得全网搜索过该词的用户数量和分布情况。

“跨境电商企业常面临几大挑战：怎么更精准找到客户？对接各种品牌、支付系统、海关时，怎么对每一笔订单做好审核和风控？怎么在国际时差下24小时实时监测和自动化处理？”周运贤翻阅着各类投标文件解释，“通过我们的专利技术和集成方案，帮企业解决这些痛点，让更多地区实现传统贸易数字化、地方产品国际化、传统文化时尚化，这就是我们的竞争力。”

一旁，员工们操作着跨境说自主研发的服务系统，它能够对接54种货币支付，提供9种语言版本以及用户画像、信息决策、统计监测、智慧物流等多种服务。因为个人办公室离员工较远，周运贤干脆在集体工位旁开辟了一块小小的区域。

办公区的中国地图上，20多个跨境说合作城市被重点标注。今年，全国跨境电商综试区达到132个，这给跨境说大展拳脚提供了巨大的市场需求和空间。“我们希望为这些地区提供整体解决方案，搭建符合国际、国家标准的跨境产业服务平台和集群示范园，为地方经济发展提供新的机遇和动力。”周运贤说。

见证了《横琴粤澳深度合作区建设总体方案》的发布，周运贤信心倍增：“我们正加快把业务拓展到周边地区，利用横琴的窗口优势带动更多的产业进入国际舞台。”

梅州的青花瓷、茂名信宜的竹编、江门的五金产品和各地特色食品，一一陈列在跨境说商品展示区。“去年我们帮助梅州实现9.5亿元跨境电商成交量，推动当地青花瓷打入葡语国家市场；仅用半年时间，就帮助信宜竹编单一品类实现了1亿元的跨境电商销售额。”周运贤说。

认准机遇、果断布局，大湾区从不缺嗅觉敏锐的闯将。在珠江东岸的前海综合保税区，当报关单量从几十份增长至上千张、单个重量却由数十吨下降至几十公斤时，从事跨境物流行业多年的吴海波意识到，贸易碎片化在给监管带来难题的同时，也带来了新的商机。

在招商保税前海仓七号库715号位，络绎不绝的货车依次停靠，一旁的智能监管流水线上，包裹有序进场。仅需6秒，它们就能在CT机中获得720度全景“无死角体检报告”。

这是吴海波于2019年建立的深圳跨境贸易物流监管中心。作为全国首个设立在特殊监管区域内的跨境电子商务全业态海关监管场所监管中心，其系统能通过智能学习自主识别图形，判断物品是否与报关单一致。

大屏幕上颜色各异的丰富数据指标，显示出这个小小场站联通世界的巨大能量。“平均一年能完成约10万辆车的物流监管。”吴海波说。

在物流服务的终端，港口和航运条件也是影响全球贸易的关键因素。

在广州港南沙四期全自动化码头，天高云阔，海蓝深邃，4个10万吨级海轮泊位已经建成。

“这里集北斗导航、5G通信、人工智能、无人驾驶等前沿技术于一体，从设备建造到系统开发全部实现国产化，创造了60多项专利。”黄炳林站在岸边，手中拿着一幅航线图，话音里掩不住自豪。

“去年广州港净增外贸航线21条，居历年之最。今年还计划新增外贸航线超10条，总数突破150条，着力拓展欧美、澳洲等方向远洋干线。”黄炳林说，作为全球首个江海铁多式联运全自动化码头，这里将充分发挥南沙港区水网通江达海的天然地理优势，为港口智能化发展和提升国际贸易效率不断贡献中国智慧、湾区方案。

携手同行

“两地一心，保障物资24小时内运抵香港”

从深创建坐落于前海综合保税区的办公室窗外望去，是繁忙的妈湾港。“今年年初，香港疫情严峻的时候，内地支援香港建设方舱医院的物资就是从这个港口运往招商局码头。”吴海波说。

那时，受疫情影响，深港跨境陆路运输运力大幅下降。吴海波和同事们着手研究：如何通过陆运转水运，让物资更快抵达香港？

不到10天时间，一个直接打通供需双方的信息化公共平台——“粤港跨境通”

平台上线了。

深耕跨境电商行业的吴海波深知，“陆转水”接驳实现不易：水运环节比陆运多，涉及订舱、预约拖车、确定提柜和装货地点等，通常要准备十天左右，还存在着“货主找柜难、找船难、成本高、时效慢”等问题。如何缩短流程用时，成为大挑战。

为了解决诸多环节痛点，吴海波在业务上打通了“船舶供应、货柜租赁、拖车运输、报关服务”等水路接驳环节全链条，为进出口贸易企业、货主提供智慧化、一站式“深港水陆联运”服务。从妈湾港开启的深圳“陆转水”分流业务，打通了水路直达香港的作业流程。

疫情期间，前海集装箱货柜十分紧缺，还需要大片空地供摆放货柜。前海管理局不仅协助深创建调动货柜资源，还临时划拨了一片储备用地用作货柜接驳，以实现快速周转。

那段日子，蛇口海关的关口灯火通明，作业人员 24 小时在线，保障通关。蛇口海关快速打通了深港驳船快线运输的物流模式，“尽最大可能提升运力，消解‘陆转水’带来的货量压力。”前海综保区监管一科副科长王玉回忆说。

一艘艘满载方舱物资、药品、日用品等供港物资的货船从妈湾港出发，抵达香港的招商局码头。“当时，香港码头泊位紧缺，很多船靠不了岸，但抗疫物资的需求最为急切。紧急情况下招商局码头腾挪出泊位，让我们的船靠岸。两地一心，才保障了物资能在 24 小时内运抵香港。”吴海波说。

一衣带水，三地同心。“如何让更多澳门青年融入大湾区发展”是周运贤在横琴创业的日子里经常思考的问题。

今年 9 月，由珠海城职院经济管理学院和跨境说共建的粤澳跨境商贸产业学院迎来第一批新生，将以现代学徒制进行培养。在周运贤看来，要想走得好、走得远，必须得有人才支撑，要通过校企合作，和职业院校共建专业，打造适合本地特色、服务跨境电商的专业人才。

珠海城职院经济管理学院院长王春桥十分认可他的想法：“我们通过和企业合作，能够更精准地培养业界急需的人才。”他期待着推动澳门青年到横琴接受新业态岗位培训："完成培训的人才将获颁国家职业技能鉴定证书，这很有意义。"

在澳门科技大学的实验室里，跨境说建立了数据实验室。同时，每年他们还与清华大学软件学院共同完成至少 4 项专利研发。"通过校企合作，我们希望将学术成果尽快转换成企业的实际成果。跨境说具有不错的研发实力，通过合力加快国产化软件研发使用，将海量商业数据更好积累下来，让数据成为生产力。"来自清华大学软件学院的蒋风浪如是说。

星辰大海

"越是开放，发展能级越是提升"

暮色四合，吴海波喜欢站在前海的摩天大楼上眺望。伶仃洋碧波万顷，世纪工程港珠澳大桥长桥卧波，在建的深中通道联通天堑，两条交通大动脉打通大湾区三地，成为连接珠江口东西两岸的"任督二脉"。

吴海波十分关注深中通道的进展，它可让中山前往前海的时间从 2 小时缩短到 20 分钟。他计划着，明年在珠海建立跨境贸易物流监管中心，珠江口西岸客户的货物可以经深中通道运往深圳前海，再进入香港，或是经港珠澳大桥，直入香港，都将为跨境物流贸易节省不少时间。

不远处，约7000平方米的新跨境贸易物流监管中心及物流集拼中心即将落成，将极大提升通关效率。

"硬联通"拉近了大湾区城市的时空，"软联通"打通了三地的规则衔接和机制对接。随着港珠澳大桥、广深港高铁等标志性工程建成运营，大湾区铁路运营里程近 2500 公里，"轨道上的大湾区"加快形成；同时，广东着力推进"湾区通"工程，营商环境持续优化，金融市场互联互通有序推进，职业资格认可、标准衔接范围持续拓展。

横琴天沐河畔月色如水，"横琴澳门未来中心"几栋崭新的大楼已经封顶，内部装修也几近完工。"这是我们投资约 10.8 亿元建设的未来中心，占地 40 亩，预计年底可以移交运营，今后将作为我们的总部基地。中国跨境电商潜力无限，这块业务发展空间很大，下一步我们还将推出跨境电商特种设备，集成化解决行业企业技术难题。"周运贤憧憬道。

夜晚的南沙港依旧商船如织，黄炳林也一刻都闲不下来。"全新的技术路线意味着许多无法预测的新问题。系统在模拟仿真阶段，我们进行了 6700 多项测试；实船测试时，升级了大概有 25 个版本，陆续发现了 2100 多个问题。在一次次解决问题的过程中，我们像智慧码头的信息系统一样，实现技术攻关和系统更新升级，提升设备可靠性和系统作业效率。"黄炳林和团队的攻坚还在继续。

溪流汇大海，就像大湾区奋进者倾注满腔热忱，深深扎根于此。

励骏庞都广场是横琴居民爱逛的商场，4 楼，一条布满老照片的长廊展示了横琴和澳门发展的十年巨变。这是周运贤打造的"一国两制"展览馆的一角。"2019 年，我有幸参加了庆祝中华人民共和国成立 70 周年大会，回来后就修建了这个展览馆，希望把'一国两制'在澳门的成功实践展现、传播好，以实践印证'桌子上也可以唱大戏'。"

"作为跨境物流从业者，最能体会大湾区 1 小时交通圈建设带来的红利。越开放，发展能级越提升，集聚效应就越明显。"吴海波期待乘着深港对接的劲风，推动更多港澳与内地规则对接，让三地更多企业共享大湾区高水平对外开放成果。

"过去十年，我在南沙见证了广州港从国际大港迈向国际强港的征程。"黄炳林说，随着《广州南沙深化面向世界的粤港澳全面合作总体方案》的发布，南沙港也迎来新的发展机遇，"接下来我们将乘势而上推动港口物流基础设施建设，提升港口物流综合竞争力和港口集聚辐射力，为共建内通外联的高水平产业链、物流链发挥积极作用。"

十年来，粤港澳大湾区的奋斗者们见证了横琴、前海、南沙翻天覆地的变化。风从南海之滨而起，还将续写更多"春天的故事"。

■ 手记

用奋斗为"一国两制"伟大实践写下生动注脚

周运贤通过跨境通勤来到横琴耕耘，吴海波以实干家的眼光追逐前海新政策，黄炳林用双脚丈量南沙港区的土地——他们的命运与粤港澳大湾区发展紧密相连，昔日梦想的种子扎根于沃土，已长成参天大树，迎风而立。

推进粤港澳大湾区建设，是以习近平同志为核心的党中央作出的重大决策，是习近平总书记亲自谋划、亲自部署、亲自推动的重大国家战略。

“实施粤港澳大湾区建设，是我们立足全局和长远作出的重大谋划，也是保持香港、澳门长期繁荣稳定的重大决策。”2018 年 11 月 12 日，习近平总书记在会见香港、澳门各界庆祝国家改革开放 40 周年访问团时说。

殷殷嘱托，牢记于心。粤港澳三地汇聚起感恩奋进的磅礴力量，推动粤港澳大湾区建设不断迈上新台阶。

“永葆‘闯’的精神、‘创’的劲头、‘干’的作风，努力续写更多‘春天的故事’。”2020 年 10 月 14 日，习近平总书记在深圳经济特区建立 40 周年庆祝大会上这样说。

横琴、前海等重大合作平台如何更好发展，习近平总书记始终牵挂于心，他勉励横琴“要发扬敢为人先的精神，先行先试，进一步扩大开放”，寄语前海“精耕细作，精雕细琢，一年一个样”。

历经十年奋斗拼搏，如今横琴大道纵横，横琴合作区建设稳健起步，推动澳门产业多元发展成效初显；前海已是高楼林立，前海合作区建设开局良好，深港合作渐入佳境；地处大湾区地理几何中心的南沙，正乘势而起全力打造成为立足湾区、协同港澳、面向世界的重大战略性平台。

紧跟总书记步伐，大湾区的逐梦人勇于“闯”，敢于“创”，精于“干”。在他们奋斗的日与夜里，希望如朝阳初升，梦想与星辰同耀，汇聚成为“一国两制”伟大实践的生动注脚。

（《南方日报》2022 年 9 月 16 日 A03 版
唐子湉　肖文舸　王佳欣　柳时强　张　玮　梁　涵　曾子航　黄天儒　李凤祥）

中流击水再奋楫

——2022 年中广东经济观察

南方日报
习近平向全球重要农业文化遗产大会致贺信
紧跟总书记 奋进新征程
中流击水再奋楫
——2022 年中广东经济观察
如今的姚磨村挺直了腰杆
广东高考本科批次投出考生 300966 人
考生报考"双一流"大学、高水平大学热情高涨
上半年粤 GDP5.95 万亿元同比增 2%
主要经济指标实现正增长，经济结构不断优化
"问天"整装待发
实验舱与火箭组合体转运至发射区，近日择机发射
我省上调养老金超 700 万人受益

回首 2022 年上半年广东经济运行轨迹，第一季度平稳开局，3 月下旬以来受疫情多发散发和国际形势等超预期因素冲击，经济下行压力明显增大。

中流击水，方显英雄本色。作为经济大省的广东，肩负稳经济的重任。等不来，靠不来，只能拼出来，再奋楫。今年，广东全面贯彻落实习近平总书记关于"疫情要防住、经济要稳住、发展要安全"的重要指示精神，省委、省政府靠前发力，全省上下同心协力，以"时时放心不下"的责任感高效统筹疫情防控和经济社会发展，加强加密经济运行调度，及时出台落实国务院 33 条一揽子政策措施的 131 项具体举措。

5 月以来，全省经济稳步恢复、总体稳定，积极因素不断增多，高质量发展蹄疾步稳，展现强大韧性和巨大潜力。7 月 18 日，广东省统计局发布的 2022 年上半年广东经济数据显示，广东地区生产总值为 59 518.4 亿元，同比增长 2%。其中，规模以上工业增加值同比增长 3.5%；固定资产投资同比增长 1%；社会消费品零售总额 2.17 万亿元，同比增长 0.9%；货物进出口总额 3.91 万亿元，同比增长 2.8%。

大道至简，实干为要。多措并举稳市场主体稳就业，推动消费市场持续复苏；保障春耕抢收夏粮，托稳百姓"米袋子"；全力保障产业链供应链稳定，畅通物流"堵点"；工业经济向好发展，"粤贸全球"拓展国内外市场纵深；重大项目加快落地，新基建积蓄新动能……随着政策效应进一步释放，下半年全省经济有望全面回升、加速向"新"，运行在合理区间。

稳字当头

广东一手抓疫情防控，一手抓经济发展，有力体现“最大程度保护人民生命健康，也最大程度稳住了经济社会发展基本盘”

过去半年广东经济的发展轨迹，勾勒出极不平凡的历程——

克服省内疫情的影响，第一季度广东地区生产总值同比增长 3.3%，实现平稳开局；工业保持较好增长态势，撑起了广东巨大经济体量的“骨架”。

第二季度以来，受国内疫情和国际形势影响，一些突发因素超出预期，经济下行压力明显增大。

越是困难，越考验发展定力；越是艰难，越检验政策功力。

广东以“时时放心不下”的责任感，一手抓疫情防控，一手抓经济发展，有力体现“最大程度保护人民生命健康，也最大程度稳住了经济社会发展基本盘”。

开年以来，省委、省政府主要领导到全省各地市开展调研，认真学习贯彻习近平总书记对广东系列重要讲话和重要指示精神，推动做好疫情防控和经济社会发展工作。省委多次召开全省疫情防控工作会议、安全生产工作会议，全面贯彻落实习近平总书记关于“疫情要防住、经济要稳住、发展要安全”的重要指示精神，全力打赢疫情防控的硬仗，全力维护人民群众生命财产安全。

6 月 1 日，广东出台落实国务院 33 条一揽子政策措施的 131 项硬举措，行动快、发力准、出招实，紧密结合广东实际，全面覆盖当前市场主体急需的政策发力点。

悠悠万事，吃饭为大。对于一个超过 1.2 亿常住人口的大省来说，守住粮食安全底线，是广东的重大使命。

今年是实施粮食安全党政同责考核的首个年头，广东始终把保障粮食安全和重要农产品有效供给摆在重要位置，通过打好党政同责牌、种业翻身牌、耕地保护牌、惠农政策牌、科技支撑牌、产业提升牌，做到保良种、保面积、保投入、保科技、保效益，确保端牢饭碗。

今年春耕，全省早稻基本实现在清明前栽插到田，为生产赢得了主动。据统计，广东早稻播种面积 1296.3 万亩，比去年增加 8.5 万亩。

夏粮收割恰逢台风“暹芭”，为确保“颗粒归仓”，各地迅速开展农业救灾复产，农技人员下沉田间，烘干设备开足马力，抢种补种确保受灾不减产。广东上下同心，最大限度将灾害天气给农业生产造成的损失降到最低。在“暹芭”登陆前，湛江、茂名、阳江就开始进行早稻抢收工作，其中，湛江完成了早稻收割77.1万亩，茂名抢收早稻约43万亩。台风过后，三市积极开展排涝除渍、疫病防控、设施抢修等工作，为全年粮食丰收赢得主动权。

上半年，广东“米袋子”“菜篮子”“果盘子”生产供应充足。全省夏粮（国家口径）播种面积214.35万亩，同比增长3.6%；产量68.6万吨，增长6.2%。蔬菜及食用菌产量增长3.9%，园林水果产量增长3.1%。

就业是民生之本，一头连着经济发展，一头连着千家万户，既是经济发展的“晴雨表”，又是社会稳定的“压舱石”。稳住就业，就稳住了经济的基本盘。

今年上半年，广东全力助企纾困，打好减负稳岗扩就业组合拳——发放稳岗返还和留工培训补助，发放失业保险技能提升补贴，发放失业保险金和失业补助金；阶段性降低失业保险和工伤保险费率，阶段性缓缴养老保险、失业保险、工伤保险费等。

据统计，今年广东省各项纾困政策已累计为企业减负约130亿元，预计全年为企业减负约500亿元。坚持把稳就业摆在突出位置，广东就业局势呈现出稳定态势——今年1—6月，全省城镇新增就业67.89万人，完成年度任务的61.7%；“三项工程”累计培训827.95万人次，其中今年1—5月培训59.39万人次。

高校毕业生是就业的重点人群。据统计，今年广东普通高校毕业生71万人，加上外省来粤就业的毕业生，预计共有超过90万高校毕业生在粤求职。广东通过“三深两保一简化”，深挖岗位资源、深耕就业服务、深化能力提升，保障兜底就业、保障就业权益，简化就业手续，积极稳定高校毕业生就业。

全省国有企业目标新招用高校毕业生不少于4万人，全省提供面向高校毕业生的事业单位工作岗位不少于6.8万个，提供面向高校毕业生的公务员考试录用岗位不少于1.5万个……一大批岗位投放，一揽子红利释放。

保就业的关键在于保住市场主体，在于“留住青山，赢得未来”。

疫情下，中小微企业尤其是个体工商户由于规模小、抗风险能力弱，更容易受到冲击。今年上半年，广东各地各部门在资金支持、用工生产、公共服务等方面协同发力，推动各种扶持政策形成合力，用政策的“活水”滋润市场主体“长青”。

在清远，处于经营困难期的交通运输微型企业——清远市铭凯运输有限公司近期收到了4万多元的退税“红包”，为公司资金周转解了燃眉之急。今年以来，新的组合式税费支持政策接续落地。截至6月9日，广东地区（不含深圳）已累计新增退税减税降费及缓税缓费1907亿元。

在佛山，广发银行佛山分行了解到广东省药材公司中药饮片厂有500万元流动资金贷款的需求，引入政府风险补偿——“佛山市融担基金”作为增信，为其办理“政银通”信贷产品，批复综合用信总额度1000万元，同时执行普惠贷款优惠利率，有效解决企业短期资金需求。

6月上旬，广东出台《关于精准帮扶市场主体　助力扎实稳住经济的若干措施》，从继续发展壮大市场主体、帮助市场主体纾困解难、助力市场主体提升竞争力、加强重点行业帮扶、维护公平竞争市场环境等方面提出16项举措，推动全省市场主体扩大增量、稳定存量、提升质量、增强能量。

从深圳前海的办事大厅到湛江的商铺门店，从韶关钢铁厂生产车间到广州南沙的国际物流园，广东千方百计稳住市场主体，让市场主体“青山常在”，生机盎然，为经济稳中求进提供牢固支撑。数据显示，截至6月底，广东实有各类市场主体1572.5万户，同比增长8.6%，较2021年末增长3.02%。

稳主体要稳住供给端，促消费要畅通需求端，两端发力，才能打通生产、分配、流通、消费的循环，做好稳经济的系统工程。

在坚持从严从实抓好疫情防控的基础上，广东出台各类惠民利企政策，打造活跃积极的消费市场，为加快消费提质升级注入强劲活力，深挖人口第一大省的市场潜力。

鼓励汽车消费、推动家电消费，激发大宗消费潜力。广州、深圳增加发放汽车增量指标，消费者以旧换新购置新能源汽车可获补贴，家电促消费成效显著的地市根据销售业绩可获奖励。今年上半年，比亚迪新能源汽车累计销量超 64 万辆，同比增长 314.9%，超过特斯拉成为全球新能源汽车销量冠军。

加码派送超 10 亿元消费券，推动消费持续复苏。对各地促消费行动实行奖补政策，广州、深圳、佛山、珠海、江门、韶关等陆续发放了消费券。"发放消费券对我们营业额恢复真是一场及时雨。"深圳福田区莲花街道的麻辣烫小店老板赵广田说，近几个月店里又恢复了忙碌的日子，"干劲满满"。

设立 3000 万元"有奖发票"资金，提升市场消费活力。5 月 1 日至 7 月 5 日，全省在即时抽奖中已累计抽出中奖发票 14.66 万份，发放奖金 344.35 万元，零售、餐饮、文旅、住宿、体育等领域发票开票量显著提升。"近期整个行业焕发出崭新的消费活力。"广东省连锁经营协会会长张小琳说，活动不仅规范了发票开具和使用，也促进了连锁经营行业的规范管理。

一系列"真金白银"的补贴、鼓励措施，推动消费市场持续恢复态势：上半年消费升级类商品零售稳健，通信器材类零售额增长 8.5%，金银珠宝类增长 6.6%，化妆品类增长 3.2%，新能源汽车零售额更是增长 150.8%；在美团、京东等平台，餐饮、酒店、机票预订等业务均有所增长；各电商平台"6·18"促销期间，广东消费者在消费力上依然领跑全国……

消费市场的兴旺，离不开人畅其行、货畅其流。面对国内外疫情的"挤压"，广东积极畅通供应链产业链，为经济疏通"筋骨血脉"。

畅通道，兴贸易。今年上半年，广东大力发展国际班列、促进多式联运、提升港口集疏运水平，全力畅通物流"堵点"，推动中欧、中亚、东南亚、南亚等贸易通道有效贯通。

政府搭台，企业抢单。今年上半年，"粤贸全球"广东线上展览平台"开张"30 场，6307 家企业通过平台稳订单拓市场，促成贸易配对场次达 8357 场，意向成交金额超 7 亿美元，展后跟踪成交金额超 15 亿美元。

扩大开放，开拓市场。《区域全面经济伙伴关系协定》（RCEP）生效实施已过半年，全球最大贸易"朋友圈"带来新机遇。广东制定高质量落实 RCEP 行动计划，充分利用好 RCEP 生效带来的关税优惠、通关简化、贸易投资便利化等红利，助力企业深度开拓新市场。1—5 月，广东对 RCEP 成员国进出口额为 9254.3 亿元，占全省外贸总额的 1/3。

庞大经济体量的丰厚实力、人口大省的广阔市场、联通内外的循环体系，这是广东经济的底气所在。在一系列见功力、见实效的政策推动下，可以预见当前和今后一个时期，广东经济稳中向好、长期向好的基本趋势没有变，也不会变。

稳中求进

随着产业链供应链自主可控能力的提升，推动广东高质量发展的支撑作用更加有力

今年以来，广东的经济发展态势，放在一个更长远的“景深”中分析考量，可以看得更为清晰。

面对 12 万亿元地区生产总值的高基数，面对各种风险挑战，广东越是艰难越要改革，紧紧锚定创新驱动，以科学理性的态度、奋发有为的行动，坚定不移走高质量发展之路。

——补短板利长远，着力构建自主安全、多元可控的产业链供应链。

今年以来，广东大力推进“强链”工程，以“链长 + 链主制”培育 20 个战略性产业集群为重要抓手，着力构建自主安全、多元可控的产业链供应链。密集出台的“助企 25 条”“稳工业 32 条”“稳经济 131 条”等惠企纾困政策，提出了全面推进实施产业链“集群式”招商等实招。

“实施产业链‘集群式’招商、落户更多国家级研发平台，这些政策给了企业很大信心。”金域医学集团党委书记、董事长兼首席执行官梁耀铭表示，将充分发挥新一代信息技术的赋能效应，带动第三方医检产业链上下游协同发展。

日前，《广东省战略性产业集群重点产业链“链主”企业遴选管理办法（征求意见稿）》正式发布，按照文件规划，产业集群重点产业链分别遴选出 2—3 家“链主”企业，牵头组织开展核心技术攻关，强化产业链上下游协作。预计到 2030 年，广东将培育形成超 100 家“链主”企业。

广东在补链强链行动上不断发力，推动以汽车为代表的优势产业平稳增长，成为经济稳定的"压舱石"。今年上半年，广东实现规模以上工业增加值1.91万亿元，同比增长3.5%；工业投资增长18.1%，其中制造业投资增长20.8%，高技术制造业投资增长38.8%。支柱产业中，计算机、通信和其他电子设备制造业，汽车制造业增长较快，增加值分别增长4.3%、18.8%。

"缺芯少核"难题也在逐渐破解。上半年，"广东强芯"工程取得突破性进展：广东第一条大规模车规级碳化硅芯片制造产线、2条12英寸特色工艺芯片生产线顺利开工投产，实施汽车芯片应用牵引工程，推动组建了汽车半导体和元器件应用产业联盟。

6月，广州粤芯半导体技术有限公司完成45亿元最新一轮融资。该公司总裁及首席执行官陈卫表示："粤芯半导体自落户广州以来带动了超过100家产业链企业持续落户，正在加速形成集芯片设计、晶圆制造、封装测试、终端应用及产业投资于一体的集成电路全产业生态。"

广东省社科院副院长向晓梅认为，广东正面向全国整合产业链创新链，集中资源突破关键技术。随着产业链供应链自主可控能力的提升，广东工业经济向好发展的趋势愈发明显，推动广东高质量发展的支撑作用更加有力。

——新能源新基建，为经济行稳致远注入持久新动能。

从制约经济社会发展、影响群众利益的关键问题、突出问题入手，广东推动新能源新基建项目不断落地，在关键点上持续发力，达到牵一发而动全身的效果。

近日，南方电网调峰调频（广东）储能科技有限公司位于佛山南海的电网侧独立储能项目正式启动。建设规模为300MW/600MWh的电池储能站，总投资约17亿元，是南方五省区内单站规模最大的百兆瓦级大型电网侧独立电池储能项目。项目建成后，可大幅提高电网供电可靠性，服务"双碳"支撑粤港澳大湾区绿色发展。

5月在韶关举行的首届"东数西算"粤港澳大湾区（广东）算力产业大会上，全国一体化算力网络粤港澳大湾区国家枢纽节点韶关数据中心集群正式揭牌。预计到2025年，韶关数据中心集群将建成50万架标准机架、500万台服务器规模，投资超500亿元，为数字经济发展开拓新空间。

——新业态新模式，为外贸大省注入强大发展后劲。

广东在贸易强省建设中不断塑造改革开放新优势，通过持续深入实施包括数字贸易、“粤贸全球”品牌、通关便利化改革在内的贸易高质量发展“十大工程”，上半年高新技术产品出口快速增长、新业态新模式持续发力、传统外贸业态回暖、国际物流链进一步畅通，高质量发展特征显现。

“今年增城西站国际班列运输太阳能光伏、液晶显示屏、家用电器等高附加值产品比重逐渐增加，‘广东智造’出口越来越兴旺。”增城海关相关负责人说。

尽管受散发疫情、能源和商品市场剧烈波动、美元等货币汇率波动和地缘局势冲突等超预期冲击，今年上半年，基于 8 万亿元高基数的广东外贸，依然交出了彰显韧性的成绩单：从 4 月开始，广东外贸扭转了此前连续 2 个月下降的趋势。上半年，广东货物进出口总额 3.91 万亿元，同比增长 2.8%，占全国进出口总值约 1/5，稳居全国首位。

“对于全国外贸来说，广东稳，全国基本盘才稳。而对于广东来说，更重要的是把外贸做优做强。”商务部研究院国际市场研究所副所长白明认为，上半年进出口数据表明，广东产业与外贸高质量发展相互支撑、相互促进，广东外贸发展后劲足。

困难不是改革的拦路石，相反恰是改革的催化剂。广东坚持以改革促调控、克难关，于困难中推改革、抓创新，在高质量发展之路上笃定前行，牢牢把握住发展的主动权。

全力以赴

全力以赴推动第三季度经济有较好上升，努力实现全年经济发展目标，为全国稳住经济大盘作出广东努力、广东贡献

“尽管国际形势复杂，广东仍是跨国企业投资优选地。商会成员企业在广东实现盈利的速度比较快。”华南美国商会会长哈利·赛亚丁说。

投资更看重中长期因素。外国投资者深耕广东的背后，是他们对广东经济发展前景持有稳定预期，更是广东经济韧性、活力和潜力的生动写照。

3月，总投资百亿美元的埃克森美孚惠州乙烯项目一期增加投资23.97亿美元，一期项目总投资增至63.4亿美元。随着项目进入热火朝天的建设阶段，埃克森美孚亚太地区研发中心也已落户惠州。

5月，在广东省汽车产业链供应链招商会上，采埃孚等31家世界知名汽车及零部件企业表达了新设项目或增资扩产意向，投资总额485亿元。

"中国拥有14亿消费者的市场以及世界上数一数二的制造业集群，这些都让欧洲企业坚定地融入中国的增长进程。"中国欧盟商会副会长、商会华南分会主席高志豪说，过去40年来广东一直是中国经济的重要增长引擎，相信会在未来几十年内继续保持这一势头。

迈过眼前沟坎，攀向更高山峰。当前，广东经济正稳步恢复、总体稳定。但也要清醒认识到，当前投资、消费、进出口等增长的基础还不牢固，稳经济还需要付出更加艰苦的努力，要全力以赴推动第三季度经济有较好上升，努力实现全年经济发展目标，为全国稳住经济大盘作出广东努力、广东贡献。

积极谋划推出更多增量支持政策，加大惠企政策供给力度，持续释放政策利好，稳定市场预期——

7月1日正式施行的《广东省优化营商环境条例》，聚焦市场主体反映强烈的准入不准营、招投标等领域隐性壁垒、惠企政策落实"最后一公里"等痛点难点问题制定针对性条款，围绕近年来广东省在"放管服"改革、要素市场化配置、信用体系建设、办理破产等领域行之有效的做法，以地方性法规形式固化。

此外，即将出台的《广东省优化营商环境三年行动方案》，将对粤东粤西粤北城市营商环境建设短板弱项开展专项对标提升，力争在相关重点领域、关键环节取得一批突破性进展。

充分发挥有效投资的关键作用，把重大项目作为稳投资的重中之重，拉动当前内需，支撑未来发展——

据广东省财政厅数据，6月28日，全省2022年新增债券共4326亿元已全部发行完毕，为支持重点领域重大项目建设、拉动有效投资提供重要资金保障。

在繁华的湾区之下，"粤海2号"和"粤海9号"两台盾构机双双快速推进，珠三角水资源配置工程隧洞掘进任务已完成超九成。今年上半年，全省水利项目已开工 2695 个，开工率为 67.3%；已落实水利投资 663.6 亿元，占年度投资计划的 77.6%；已完成水利年度投资 456.9 亿元，占年度计划完成投资目标的 57.1%。全省重大水利工程正开足马力，奋力跑出建设“加速度”。

在宽阔的伶仃洋上，国家重大工程深中通道正在稳步建设。浩瀚的黄茅海海域天海之间，横跨珠海与江门的“跨海巨龙”骨架愈加丰满。

在广袤的粤西大地，博贺港铁路跨广茂线深湛线特大桥正加快建设，年内有望具备开通条件。届时可使茂名博贺港实现海铁联运，助茂名乃至豫、鄂、湘、桂地区深度融入“一带一路”建设。

重大工程不断落地，重点投资加码发力，为广东经济增长创造更大的回旋空间。

有力推动国家重大战略落地，打造充满活力的创新生态系统，增强经济“磁力”，激发市场潜力——

6 月 14 日，国务院公布《广州南沙深化面向世界的粤港澳全面合作总体方案》（下称《南沙方案》）。在改革发展的关键时期，国务院高规格出台《南沙方案》，这是继去年出台横琴、前海两个合作区方案以后，中央从全局和战略高度，对大湾区建设作出的又一重大决策部署。

广东抓住“双区”和横琴、前海两个合作区建设等重大历史机遇，全力推进南沙深化面向世界的粤港澳全面合作，不断推动重大政策、重大改革落地实施，充分释放重大战略利好叠加带来的“化学反应”“乘数效应”。

6 月 28 日，深中通道中山大桥顺利合龙，标志着这项粤港澳大湾区核心枢纽工程吹响冲刺号角。

7 月 6 日，广东省司法厅为 4 名港澳律师发出了首批粤港澳大湾区律师执业证书，他们今后可以持证在大湾区 9 个内地城市执业。

广东携手港澳深入推进粤港澳大湾区建设，全面提升大湾区综合实力和竞争力，提供更广阔发展空间。

所当乘者势也，不可失者时也。

滚石上山、爬坡过坎，广东高质量发展进入关键节点。在以习近平同志为核心的党中央坚强领导下，广东正抓住一个个历史机遇创出未来，扭住一个个重大节点拼出新机，为中国经济巨轮行稳致远贡献广东力量。

（《南方日报》2022 年 7 月 19 日 A01 版
昌道励　袁佩如　彭　琳　陈　晓　肖文舸　黄　进　宾红霞　刘　倩
唐柳雯　李　赫　欧志葵　许宁宁　曾美玲　唐亚冰）

伟大战役的广东篇章
——我省全面打赢脱贫攻坚战述评

南方日报

23

照亮前路的真理光芒

——中国共产党成立100周年启示录之“求索篇”

奋斗百年路 启航新征程

习近平给北京大学的留学生们回信

恰是百年风华

全省扫黑除恶专项斗争总结表彰大会暨平安广东建设工作会议在广州召开

加快建设更高水平的平安广东
不断增强人民群众获得感幸福感安全感

李希马兴瑞王伟中出席会议

回望初心路
接续开新局

全省疫情防控工作视频会议召开

进一步增强打好疫情防控硬仗的责任感紧迫感
全力以赴抓好疫情防控各项工作

李希马兴瑞王伟中出席会议

高效解民忧
改革促便利

为加强和改进我国国际传播工作贡献人大力量

决定省十三届人大常委会第三十三次会议7月下旬召开

伟大战役的广东篇章

——我省全面打赢脱贫攻坚战述评

奋斗百年路 启航新征程

仲夏南粤，繁花似锦。

今天，全省脱贫攻坚总结表彰大会在广州举行。一批先进个人和集体将接受隆重表彰，他们为广东乃至全国的扶贫事业作出了突出贡献。

“在迎来中国共产党成立一百周年的重要时刻，我国脱贫攻坚战取得了全面胜利。”2021 年 2 月 25 日，习近平总书记在全国脱贫攻坚总结表彰大会上庄严宣告。

千年梦想，圆在今朝。中华大地上的劳动人民，终于告别绝对贫困。这一彪炳史册的丰功、光耀全球的伟绩，辉映着百年中国共产党的初心使命，在中华民族发展史、人类发展史上写下浓墨重彩的一笔！

党的十八大以来，在以习近平同志为核心的党中央坚强领导下，广东以“一个都不能少”的铮铮誓言，以“不破楼兰终不还”的铁血壮志，打赢了这场脱贫攻坚战——

脱贫目标全面实现。经过艰苦卓绝的伟大斗争，广东脱贫攻坚工作取得全面胜利：现行标准下 161.5 万相对贫困人口全部脱贫，2277 个相对贫困村全部出列。

扶贫协作交出亮丽答卷。广东担下最重的任务、啃下最硬的骨头、交出最靓的答卷：协助桂川黔滇 4 省（区） 93 个贫困县摘帽，所有贫困户、贫困村全部脱贫出列。

接续推动乡村振兴。守住底线确保不发生大规模返贫、实施组团式驻镇帮镇扶村工程、共建产业园提升东西部协作实效……

实现历史性跨越的广东，开启了向着更高目标进发的新征程！

领袖关怀　殷殷嘱托

百年目标，勠力同心。

为中国人民谋幸福、为中华民族谋复兴，是中国共产党的初心使命。

党的十八大以来，以习近平同志为核心的党中央接过历史的接力棒，把打赢脱贫攻坚战作为实现第一个百年奋斗目标的底线任务和标志性指标，举全党全国之力向绝对贫困宣战。

领袖关怀，殷殷嘱托。

作为全国脱贫攻坚大局的重要组成部分，广东人民群众的冷暖始终是习近平总书记心中的牵挂。

2012 年 12 月，总书记来到佛山顺德黄龙村，慰问困难群众，要求发挥基层党组织作用，带领村民实现共同富裕。

2018 年 10 月，总书记来到清远英德连樟村，与村民亲切交谈，留下“乡亲们一天不脱贫，我就一天放不下心来”的深情牵挂。

2020 年 10 月，总书记再次亲临广东视察，强调“让人民群众的获得感成色更足、幸福感更可持续、安全感更有保障”。

习近平总书记“以人民为中心”的情怀，让广东的党员群众深切感受到山高水长的关爱，深刻体会到使命任务的千钧重量。广东人民始终牢记嘱托、感恩奋进，努力拼搏、奋发有为，在南粤大地掀起打赢脱贫攻坚战的滚滚热潮。

感恩奋进　成效卓著

航向既定，破浪前行。

广东省委、省政府坚持以习近平新时代中国特色社会主义思想为指导，深入贯彻落实习近平总书记对广东系列重要讲话和重要指示批示精神，始终把脱贫攻坚作为重大政治任务和重大民生工程，集全省之智、举全省之力，以消除贫困为目标，补齐发展短板，以区域协调为抓手，推动共同富裕。

"后队变前队"。现行标准下 161.5 万相对贫困人口全部脱贫，贫困群众"两不愁三保障"全部实现，2277 个相对贫困村人均可支配收入达 20 739 元，村均集体收入达 33.5 万元。

上下同心尽锐出战。五级书记抓脱贫攻坚政治责任全面落实，全省 1.8 万个党政机关事业单位积极参与，近 6.5 万名干部先后参与驻村帮扶，5840 多名扶贫干部持续攻坚，近 10 万名村"两委"干部奋战一线。

"一场战役、两个战场"。东西部扶贫协作持续走在全国前列，累计援助扶贫协作地区各类资金 671 亿元，派出党政干部 480 人、专业技术人才 9597 人，引导 13 710 家企业到协作地区投资兴业，共建产业园 147 个，吸纳中西部地区贫困劳动力在粤务工 387 万。

…………

一组组数据背后，凝聚了多年来广东干部群众、社会各界的积极探索、主动作为和艰苦奋斗。他们为夺取这场重大战役的胜利积累了宝贵的广东智慧、广东经验和广东贡献——

开拓创新，久久为功。广东历届省委、省政府先后实施山区扶贫开发、扶贫"双到"、脱贫攻坚等减贫治理战略，率先在全国开启到户到人的精准扶贫探索，率先构建大扶贫格局。

组织保障，制度落实。广东坚持党对脱贫攻坚的全面领导，压实各级党委、政府主体责任，遍访贫困户、深度调研、定期报告、挂牌督战等一系列制度的实施落实，为打赢这场战役提供坚实保障。

统筹推进，补齐短板。广东统筹推进开发式扶贫和保障性扶贫，坚持用发展的办法解决贫困问题。发展农业特色产业，培育创业致富带头人；实施“粤菜师傅”“广东技工”“南粤家政”三项工程，帮助贫困劳动力稳定就业；补齐贫困户短板，筑牢住房、教育、医疗三道保障线。

社会动员，凝聚合力。推进消费扶贫转型升级、深入推进“万企帮万村”、持续做好广东扶贫济困日活动……广东坚持专项扶贫、行业扶贫、社会扶贫“三位一体”，凝聚社会力量共同参与脱贫攻坚。

…………

回首往昔，回望来路，不能忘怀全省数十万名乡村干部和数万名驻村干部的拼搏。正是他们数年如一日的坚守、不怕难不怕苦的担当、甘于奉献无畏牺牲的情怀、敢啃硬骨头勇于开拓的斗志，共同描绘广东人民打赢这场战役的壮阔画卷！

接续奋斗　全面振兴

发展永无止境，奋斗未有穷期。

习近平总书记强调，民族要复兴，乡村必振兴。党中央决定，脱贫攻坚目标任务完成后，对摆脱贫困的县，从脱贫之日起设立 5 年过渡期，实现巩固拓展脱贫攻坚成果同乡村振兴有效衔接。

全面建设社会主义现代化国家，实现中华民族伟大复兴，最艰巨最繁重的任务依然在农村，最广泛最深厚的基础依然在农村。解决好发展不平衡不充分问题，重点难点在“三农”。

中央动员，南粤回响。一幅举全省之力加快农业农村现代化，让广大农民过上更加美好生活的宏伟蓝图正在广东大地渐次铺展——

3 月，江门开平市蕉园村，一台拖拉机正在耕作，车上青春的脸庞吸引了不少目光，这是“00 后”女拖拉机手陈恩儿第一次下田实操。年轻人投入乡村振兴正成为一种时髦。

5月，全省乡村振兴“万企兴万村”行动现场推进会在梅州梅县召开。企业是乡村振兴的重要力量，在新的起点上“万企兴万村”行动被赋予新的重大意义。

6月，荔枝飘香。“我们种的30亩荔枝主要是通过电商渠道售卖的，每市斤能卖到20多元。”茂名高州根子镇果农何清说。发展电商，正成为乡村振兴的又一重要抓手。

脱贫摘帽不是终点，而是新生活、新奋斗的起点。广东矢志用好改革开放关键一招，积极探索全面脱贫与乡村振兴有效衔接，奋力推进农业农村现代化。

一系列政策组合拳打出。《关于实现巩固拓展脱贫攻坚成果同乡村振兴有效衔接的实施意见》《广东乡村振兴驻镇帮镇扶村工作方案》《关于全面推进乡村振兴加快农业农村现代化的实施意见》等文件相继出台，为接续工作提供了指引。

广东省乡村振兴局挂牌运作。以原省扶贫开发办公室为基础改组的省乡村振兴局，接力开展巩固拓展脱贫攻坚成果、全面推进乡村振兴战略工作。

“九大攻坚”行动今明两年重点实施。全省力争用两年左右的时间，加快补齐“三农”领域短板，为全面推进乡村振兴、加快农业农村现代化奠定扎实基础。

…………

我们走过了千山万水，但仍须跋山涉水。

打赢脱贫攻坚战只是阶段性胜利，广东将更加紧密团结在以习近平同志为核心的党中央周围，立足新发展阶段、贯彻新发展理念、构建新发展格局，继续弘扬“上下同心、尽锐出战、精准务实、开拓创新、攻坚克难、不负人民”的脱贫攻坚精神，以永不懈怠的精神状态、一往无前的奋斗姿态，乘势而上、再接再厉，真抓实干、埋头苦干，向着实现第二个百年奋斗目标奋勇前进，奋力在全面建设社会主义现代化国家新征程中走在全国前列、创造新的辉煌！

（《南方日报》2021年6月23日A01版
黄　进　黄应来　丁建庭）

海报

走进广东大基建

走进广东大基建
挑战世界最高海上猫道
270米！深中通道「空中走廊」贯通

形如“一叶扁舟”
跨越水乡
东莞中洪路楼马特大桥主塔顺利封顶
走进广东大基建

探秘狮子洋海底
60米“湾区巨龙”
珠三角水资源配置工程
全线首仓无粘结预应力混凝土浇筑完成
走进广东大基建

走进广东大基建
广交会四期展馆将于今年秋交会投入使用
“钢铁巨无霸”筑起“飘带”屋面

走进广东大基建
全球首次应用北斗导航实现无人化
广州南沙港四期码头试运行

"从半年报看广东稳住经济大盘"系列经济述评

2022年上半年，广东新能源汽车产量增长166.8%，汽车制造业增加值增长18.8%，支撑全省规模以上工业增加值达1.91万亿元。
166.8%
工业

2022年上半年，广东实现外贸进出口3.91万亿元，同比增长2.8%，规模继续稳居全国第一。主要贸易对象中，对美国进出口增长18.8%，对欧盟进出口增长11.0%。
外贸
3.91万亿元

2022年上半年，广东夏粮（国家口径）产量68.6万吨，增长6.2%，带动农业农村经济稳中有增，全省第一产业增加值2166.01亿元，增长5.9%。
农业
68.6万吨

居民人均可支配收入
24749元
2022年上半年，广东居民人均可支配收入24749元，扣除价格因素，实际增长2.7%，这为消费持续复苏提供坚实基础。

唐唐探湾区

广东乡村舌尖脱贫故事·至味

融媒作品

“大项目·大未来”专题

扫码查看

“湾区新青年”专题

扫码查看

（整理：唐亚冰）

融

动力

南方日报经济报道创新实践

第三章

融·新局

2020 年，中共中央首次提出"构建以国内大循环为主体、国内国际双循环相互促进的新发展格局"。这是对"十四五"时期和未来更长时期我国经济发展战略、路径作出的重大调整和完善，也是党媒做好经济报道、讲好发展故事要准确把握的基调。

在危机中育新机，于变局中开新局。处于"双循环"交汇点的广东，是改革开放的排头兵、先行地、实验区，在中国式现代化进程中具有举足轻重的地位。

面对百年变局和世纪疫情互相叠加的复杂局面，广东在加快打造新发展格局战略支点，着力强化支撑、联通、撬动功能，在服务和融入全国构建新发展格局中推动广东高质量发展取得扎实成效。立足"两个大局"，南方日报经济新闻部围绕重大节点、重要盛会，创新做好融通"双循环"的报道。

一 讲清"双循环"内外交融故事

广东"十四五"规划纲要提出，打造新发展格局的战略支点，增强畅通国内大循环和联通国内国际双循环的功能，率先探索有利于促进全国构建新发展格局的有效路径，为现代化建设拓展新空间。打造"双循环"新发展格局战略支点，涉及生产、分配、流通、消费等各个环节，涵盖的内容纷繁复杂。为更好讲透讲好"双循环"内外交融的故事，南方日报经济新闻部紧紧围绕中国"入世"20 周年等重大历史节点，以及广交会、进博会等国家级经贸盛会，立足全球视野展现广东畅通国内国际双循环的生动实践。

一是围绕重大历史节点，在时空纵深中探寻"双循环"下的中国商道。2021 年是中国加入世界贸易组织 20 周年。"入世"不仅是中国对外开放的里程碑，也是世界经济全球化进程的标志性事件。以"入世"20 周年为契机，充分反映"双循环"时代命题下的地方实践，讲好中国经济高质量发展故事，是主流媒体义不容辞的担当。

南方日报、南方+以“双循环　天地宽——中国入世二十周年全媒体报道”为主题，组织超过30人的调研团队奔赴全国各地开展调研，聚焦“入世”20周年变化最显著的家电、汽车、零售、农业等行业，走进十多家世界500强企业中国总部、车间、门店等一线，对话企业负责人、技术人员、销售人员和消费者等，掌握近30万字一手素材和近100小时影音材料。以一组深调研报道、一组“外眼观”高端访谈、一组“对话世界500强”深度观察、一部微纪录片、一份企业社会责任观察报告、一场年度盛典等报道及活动，展示“入世”20年来中国对外开放的巨大成果，凸显广东企业在参与构建“双循环”新发展格局中的积极作为。

从国际舆论看，不少西方媒体对中国“入世”后的发展，关注点更多放在中国出口的大幅增长，常常会忽视中国进口的变化，认为中国占了世贸规则的“便宜”。对此，报道积极回应国际社会关切，通过对话世界贸易组织副总干事张向晨、知名学者郑永年、松下全球副总裁本间哲朗、世界海关组织协调制度委员会原主席甘露等，从国际视野观察20年来中国“入世”对世界经济的贡献，澄清认识误区。

中国“入世”20周年这种看似“高大上”的话题，其实与每个人的生活息息相关。以“对话世界500强”深度观察为例，报道既有小切口又有大格局，通过中外对比的视角，生动地呈现了“双循环”新发展格局下中外企业的商道密码，讲活中国经贸故事。如松下全球副总裁本间哲朗亲自带货直播的特写，就生动体现了外企对中国市场的重视。扎实的调研、鲜活的故事，让理性的经济报道增加了不少感性色彩。

为提升传播力，南方报业传媒集团联合广东省商务厅，在2021年12月16日举办“与‘世’偕行　共赢未来——入世20周年企业家高峰对话暨南方致敬2021年度盛典”。通过论坛深度挖掘专业观点的传播潜力，推动本次全媒体报道向价值链高端延伸。全媒体报道还通过南方英文网境外社交平台账号发布，在推特、脸书等境外社交平台获得广泛转发，获得世界贸易组织、世界海关组织、中国对外贸易中心等权威部门点赞，效果出圈。

二是聚焦国家级经贸盛会，看“两个大局”下更高水平对外开放。国家级经贸盛会，是观察中国高水平对外开放的窗口。目前，广交会、消博会、服贸会、进博会四大经贸盛会共同构成了国家级商务会展体系，成为中国迈向更高水平开放的“四轮驱动”。南方日报、南方⁺持续推出全媒体报道，讲好国家级经贸盛会畅通“双循环”的故事。比如，2021 年 10 月，第 130 届广交会首次线上线下融合举办，在全球疫情和复杂的国际形势下，开启了一场跨越时空的国际贸易盛会。南方日报、南方⁺推出《双循环　天地宽——第 130 届广交会特别报道》，全方位、多维度报道这一盛事。

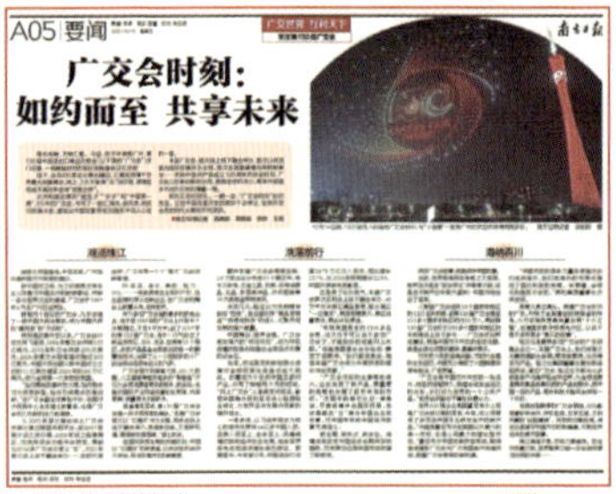
A05 要闻
广交会时刻：如约而至 共享未来

税收赋能广交会 企业加速融入双循环

会前，南方日报、南方⁺开设《广交世界　互利天下》专栏，并开设“外贸新优势”和“商贸故事”两个系列报道。开幕当日及次日，《南方日报》共推出 7 个版报道，连续两天报道习近平主席贺信引发反响，在头版推出社论《促进国内国际双循环　展现更加开放的中国》，并推出大型通讯《广交会时刻：如约而至　共享未来》。《对话双循环》栏目专访 WTO 副总干事张向晨、中国人民大学副校长刘元春等。各项产品气势磅礴，采访对象分量十足。

开幕当天，南方日报推出《双循环　天地宽——第 130 届广交会特别报道》及线上典藏版，以 20 个版全面展现广交会的世界情怀、中国智慧、广东力量及广州活力。该特别报道进入珠江国际论坛会场，受到社会各界广泛赞誉。展会期间，南方日报每日推出《头版消息》《深度观察》《广交会日记》《广货直通车》《企业样本》等栏目。会后，推出大型闭幕通讯《双循环　天地宽》及客商回访、专家访谈等，进一步宣传好广交会的成效和成果。

新媒体方面，专题片、系列短视频、长图、互动 H5 和大型直播等产品轮番上阵，形成一浪接一浪的宣传热潮。如，8 分钟的专题片《视频 | 广交会，如约而至》展现第 130 届广交会的重大意义，叙事宏大，气势磅礴。互动 H5《开张！欢迎光临我的“宝藏展台”！》以手绘的方式再现广交会经典展品，将广交会历史融合在互动游戏中，使用户获得良好体验。展会期间还推出大型直播《看展会抽大奖！南方⁺首次入驻广交会，带你 24 小时玩个遍》，直播全天候、多维度展示“中国第一展”魅力，总时长达 676 分钟，全网总流量达 50 万，爆发强大立体传播效应，是南方日报、南方⁺深入参与广交会、实现“新闻 + 政务 + 服务 + 商务”的又一成功力作，得到了广交会主办方、参展商和媒体同行的广泛赞誉。

二　讲好大湾区国际消费枢纽故事

消费是畅通国内大循环的关键环节和重要引擎。我国有 14 亿人口，4 亿多中等收入群体，人民消费水平和品质正在加快提升，要顺应消费升级趋势，强化数字赋能，提高流通效率，激发消费潜力和活力。

广东作为经济大省、消费大省，近年来正推行粤港澳大湾区消费枢纽工程，推动消费扩容提质，助力畅通“双循环”。然而，新冠疫情流行期间，扩大内需面临多重挑战。这就要求经济报道准确把握疫情防控要求和经济形势，传递“疫情要防住、经济要稳住、发展要安全”的信心，在关键时候以理性温暖笔调讲好疫情下新消费故事。

一是以时间为轴，温暖笔触关照微观主体。消费与老百姓生活息息相关。要做好稳消费促民生的文章，必须笔触下沉，见人见事，才能引发读者共鸣。

2022 年 7 月，以“夜生活·粤精彩”为主题的 2022 广东夜经济暨暑期消费促进活动全面启动，广东夜经济迎来爆发。南方日报、南方⁺针对夜经济消费新业态，发布多篇综述文章和视频、直播等，呈现广东夏日夜间消费新亮点。

在系列综述文章中，记者走访全省多个夜经济消费现场，走进摊档，对话市民，笔触细腻地多方位展现夜经济的活力：从夜间消费特色产品"出圈"、引领消费新潮流，掘金新"夜"态、潮流夜市点亮夜间经济，消费券激活消费新引擎等一线经济现象入手，多方面观察夜经济形态，捕捉广东消费升级的脉动。

在南方⁺，记者采用轻松明快的短视频、直播等方式，走进多个夜间集市和夜间游玩区，带给用户亲历一线的体验感。其中，《潮流夜市、水上蹦迪……这些粤夜新玩法你试过吗？丨船说广东》《直播：带你去找夜生活！今晚跟着南方⁺做一杯宋代点茶》两个直播都收获高流量。

二是以纪实为脉，立足当下洞察消费趋势。消费是经济增长的主引擎。随着消费扩容提质，需求端的变化推动供给侧加速变革。对消费新趋势的洞察，也有利于我们观察制造端的转型升级、经济社会的发展变化。

结合党的二十大报告提出的坚持把发展经济的着力点放在实体经济上，加快建设制造强国，推动制造业高端化、智能化、绿色化发展等要求，2022 年，南方日报经济新闻部以"制造业当家"为主题，梳理广东"双 11"从电商大促

南方日报
到2025年公民具备科学素质比例超15%
确保党始终成为坚强领导核心
——党的十八大以来毫不动摇坚持和加强党的全面领导述评
繁星流动 拼搏不眠
粤企抢先布局元宇宙赛道
粤网文明 粤式精彩

A05 要闻
走近假日里的广东乡村经济：
留住乡愁 致富不愁
常年奔走一线 为民解忧纾困
锁定万亿目标 建设制造业强市
首批博士后"上岗" 实验室与企业"牵手"

A05 时局 观察

南方日报

从电商大促到产品跃升

『广东造』发力下的『双11』

税惠政策加力提效
缓解企业资金压力

关于公开征集品牌商家加入我司品牌库的公告

中国信达资产管理股份有限公司广东省分公司债权公告

航道通告

转让公告

迁坟公告

到产品跃升的历程，并走访了家电制造、潮玩等产业企业，以一系列深度报道呈现“广东造”发力下的“双 11”。同时通过直播、短视频、海报等产品，以“双 11”为切口，展现广东制造业在闹与静的协奏、破与立的角逐、近与远的考量中不断呈现新特点，走出了制造业加速迈向全球产业价值链中高端的升级之路。

2022 年夏天，广东消费活力迸发，消费势头有所回升，“聚焦暑期经济”系列报道应时推出。记者走进消费一线深入观察采访消费新现象，以小切口生动呈现广东暑期经济新亮点，同步配发短视频、夜经济直播和图片报道，多维度观察广东暑期经济消费情况，把握商业发展态势，寻找广东夏日消费的新亮点。报道还理性分析暑期文创、文旅、夜间消费发展的前景和短板，以及消费券对于城市消费的作用，有助于稳定消费市场信心。

近年来，我国消费结构升级态势明显，人民群众消费观念和消费水平不断升级，消费领域在不同程度上依然存在不公平现象，随着新业态、新模式、新政策的出现，消费者维权手段和维权形式也在不断“更新”。在“3·15”等节点，南方日报经济新闻部梳理 10 年间广东消委会系统消费投诉分析报告，分析近 10 年来广东的消费升级史，结合长图动图等新媒体手段，呈现 10 年来广东消费投诉热点的变化，进而展现广东 10 年来消费环境乃至经济社会发展的变化。

三 讲透构建国内统一大市场故事

建设全国统一大市场，既是畅通国内大循环的重要任务，也是培育国际合作与竞争新优势的关键所在。面对百年变局和世纪疫情，广东不断优化营商环境，多措并举助力企业打通国内国际双循环，展现出超大市场的强大韧性。在长期的报道实践中，我们深切感受到主流媒体的报道会对市场主体的预期产生影响，这对夺取疫情防控和经济社会高质量发展双胜利具有重大意义，所以做好国内统一大市场构建、打造一流营商环境的报道尤为重要。

一是高站位解读国内统一大市场建设。2022 年 4 月，《中共中央　国务院关于加快建设全国统一大市场的意见》（下称《意见》）正式发布，为加快建设高效规范、公平竞争、充分开放的全国统一大市场提供了重要依据和行动指南，是推进全国统一大市场建设的纲领性文件。南方日报经济新闻部及时推出系列专家访谈，对话中国国际经济交流中心副总经济师张永军，清华大学国家战略研究院特约研究员刘旭，南京大学长江产业经济研究院院长、教授刘志彪，中国人民大学竞争法研究所所长、交叉科学研究院院长杨东，商务部研究院国际市场研究所副所长白明等专家学者，剖析建设全国统一大市场的内涵和意义，并为广东助力全国统一大市场建设建言献策。

在《意见》中，“反垄断”成为高频词，除平台经济反垄断步入常态化外，该意见还直面了地方保护和区域壁垒等问题。2021 年，南方日报经济新闻部调研团队直击中国电商业首个告别“二选一”的“双 11”，走访多个平台商家和买家，挖掘反垄断趋势下平台“二选一”变得更加隐秘的“猫腻”，推出《反垄断下的“双十一”》等深度观察，凸显广东在反垄断和反不正当竞争法律宣传及日常执法监管上引领全国的新探索。

A04 时局 观察

奋进新征程 建功新时代

南方日报

老字号在广交会“焕新”

拥抱数字化、乘国潮风出海

以区域市场一体化推动全国统一大市场建设

未来之城：活力奔涌正青春

“大市场”与“高质量”密不可分，构建全国统一大市场，既是质量强国战略的基础支撑，也是推进质量强国建设的内在要求。2021 年 9 月 16 日，中国质量（杭州）大会

A07 时局 观察

反垄断下的"双十一"

互联网"拆墙"带来新变化 平台经济迎合规治理时代

乡村电商：变局中成长

今年"双十一" 广东好货火到海外

现场揭晓了第四届中国质量奖评选结果，广东共有4家企业、1名个人获奖。采访团队花了近10天时间，前往佛山、深圳、珠海等实地采访获奖企业，对话美的集团董事长方洪波、格力电器董事长董明珠等企业一把手，揭秘获奖背后的故事。深度报道以鲜活的企业案例，彰显广东在质量强省建设的新成效。

二是立足全球视野展现湾区"强磁场"。加快营造稳定公平透明可预期的营商环境，培育参与国际竞争合作新优势，是建设全国统一大市场的重要内容。作为开放大省、外资大省，广东在打造市场化、法治化、国际化营商环境方面的成效持续显现，重量级外资项目纷至沓来。

南方日报经济新闻部统筹推出"大项目 挑大梁"系列报道，聚焦全省各地重大项目建设，展现广东自我加压、敢于担当、勇挑大梁，坚决扛起稳定宏观经济政治责任的责任担当，为全国稳住经济大盘作出广东努力、广东贡献。

2022年9月6日，巴斯夫（广东）一体化基地首套装置正式投产。这是我国化工行业首个外商独资项目，也是巴斯夫迄今为止最大的海外投资项目，总投资达百亿欧元。在当前全球经济环境面临诸多挑战的背景下，该项目的全面推动建设，充分彰显外资对广东营商环境的坚定信心，还将助力广东加快打造世界级绿色石化产业集群，推动高质量发展。南方日报经济新闻部推出头版消息《广东优质营商环境成吸引外资"强磁场"》，展示广东近年来加快构建市场化、法治化、国际化营商环境的成效。同时，独家专访巴斯夫中国新一体化基地全球高级副总裁林汉平，推出《巴斯夫看好广东绿色石化产业潜力》，展现外资对广东营商环境、产业发展的信心。推出《广东世界级绿色石化产业集群加速崛起》《打造现代化沿海经济带重要发展极》深度报道，聚焦项目为广东制造业质量提升添动力。

南方日报

激荡清风正气 凝聚党心民心

习近平主持召开中央全面深化改革委员会第二十七次会议强调

健全关键核心技术攻关新型举国体制 全面加强资源节约工作

韩正出席巴斯夫(广东)一体化基地项目全面建设暨首套装置投产仪式

喜迎二十大

广东优质营商环境成吸引外资“强磁场”

扎实做好中秋节前后疫情防控和安全生产各项工作

抓住黄金救援期抢救生命

新登记个体工商户百万户

除做好本土新闻传播之外，南方日报经济新闻部还在南方英文网的推特、脸书等境外社交账号发布双语短视频，直观展示重大项目开工投产全过程。巴斯夫（广东）一体化基地首套装置正式投产次日推出原创稿件 "Guangdong, attractive market for petrochemical industry to thrive: Senior Vice President of New Verbund Site China, BASF"。英文版报道在南方英文网推特平台账号点击量超 10 000，被中国驻大阪总领事薛剑、中国驻奥克兰总领馆副总领事肖业文、中国驻瑞士大使馆官方账号、中国驻苏丹大使馆官方账号、全球总商会官方账号等点赞。

（主笔：昌道励）

案例

双循环　天地宽

——中国入世二十周年全媒体报道

一组深调研报道

从参与者到倡议者：中国向世界传递“开放强音”

20 年前，中国 1 天货物贸易进出口总额 115.6 亿元，现在，达到这个数值只需 3 个多小时；20 年前，中国 1 小时消费 4.8 亿元，现在只需 6 分多钟；20 年前，

南方日报

为人民放歌 为时代铸魂

——新时代我国社会主义文艺事业成果丰硕气象一新

认真学习贯彻习近平总书记重要指示精神

坚决扎实彻底整改存在的问题

中国向世界传递“开放强音”

广州市大规模迁移砍伐城市树木事件问责情况通报

深入学习贯彻习近平总书记重要指示精神

深刻汲取教训 切实扛起整改主体责任

全面提升城市治理体系和治理能力现代化水平

中国 1 分钟创造 GDP0.21 亿元，现在只要 7 秒钟……

今年 12 月 11 日，是中国加入世界贸易组织（WTO） 20 周年。20 年来，中国积极对接 WTO 规则，深度参与国际分工，在全球价值链中的地位稳步提升。国家统计局数据显示，入世 20 年，中国经济总量占全球经济比重升至 17% 以上，对全球经济增长的年均贡献率达 30% 左右。

从“世界工厂”供应全球，到成为“世界市场”汇聚全球，从平整土地吸引外资，到搭建平台推动“双循环”，从共建共享“一带一路”，到推动《区域全面经济伙伴关系协定》（RCEP）落地实施，申请加入《全面与进步跨太平洋伙伴关系协定》（CPTPP）、《数字经济伙伴关系协定》（DEPA），从入世伊始的对接对标国际规则，到如今积极参与国际规则制定，中国推动建设高水平开放型世界经济的步伐日益坚定。

当前，新冠肺炎疫情阴霾未散，世界经济复苏前路坎坷，各国更需要同舟共济、共克时艰。站在入世 20 年的新起点上，中国继续向世界传递“开放强音”，与世界共享发展机遇，共建开放型世界经济，共创更加美好的光明未来。

价值

从出口商品到全球经济稳定器

世界知识产权组织（WIPO）最新发布的《2021 年全球创新指数报告》显示，中国排名第 12 位，较 2020 年上升 2 位。这是中国自 2013 年起，全球创新指数排名连续 9 年稳步上升，这也是中国加入世贸组织以来取得跨越式发展的缩影。

20 年来，中国积极对接 WTO 规则，切实履行货物和服务开放承诺，关税总水平由 15.3% 降至 7.4%，低于 9.8% 的入世承诺。中央政府清理法律法规 2300 多件，地方政府清理 19 万多件，激发了市场和社会活力。

世贸组织前总干事素帕猜说，中国的入世承诺是所有成员中最深入、最广泛的，不仅在原有基础上放宽了货物和服务市场准入，而且在某些领域达到更高水平。

中国在开放中发展，世界则在中国的开放中受益。过去 20 年里，世界货物贸易总额差不多翻了一番，但中国的货物出口增长了 7 倍多，海量商品出口海外让全球享受到物美价廉的中国制造。与此同时，中国进口总额也增长了将近 6 倍，超大规模市场为全球万千企业提供了巨大发展空间。商务部数据显示，中国利用外资从 2001 年的 468.8 亿美元增加到 2020 年的 1443.74 亿美元。2020 年，中国首次超越美国，成为全球最大外资流入国。

“入世 20 年以来，中国已经发展成为世界第二大经济体，在保持制造大国称号的同时，逐渐转变为消费大国、工程大国、创新大国。”松下集团代表董事、全球副总裁、松下电器中国东北亚总代表本间哲朗说，去年以来松下在中国新建设 8 家工厂，疫情背景下，中国成为松下集团全球唯一成长市场。

在新冠肺炎疫情袭来的 2020 年，中国更是世界唯一实现经济正增长的主要经济体。国际货币基金组织最新发布的《世界经济展望报告》显示，预计今年全球经济将增长 5.9%，较 7 月预测值低 0.1 个百分点。其认为，现阶段威胁世界经济复苏的“罪魁祸首”是全球供应链断裂。

多重压力之下，内功深厚且韧劲十足的中国经济，正持续为世界注入动力——完善可靠的产业体系成为全球供应链的“稳定器”，超大规模国内市场持续为全球复苏注入活力。

国际货币基金组织在其展望报告中，继续看好中国经济发展前景。此外，世界银行、亚洲开发银行、经济合作与发展组织等国际机构，也将中国 2021 年经济增速预测保持在全球领先水平，认为中国将继续为全球经济复苏作出重要贡献。

战略

从吸引外资到畅通“双循环”

144 个小时，累计意向成交金额 707.2 亿美元，127 个国家和地区近 3000 家参展商……在 11 月举行的第四届进博会上，跨国企业竞相拥抱中国机遇，让中国市场成为“世界的市场、共享的市场、大家的市场”。

5 天累计进馆 60 万人次，约 2.6 万家中外企业线上参展、近 8000 家企业线下参展，来自 228 个国家和地区的采购商线上线下共襄盛举……10 月举行的第 130 届广交会，以线上线下融合的全新模式，为巩固提升全球供应链产业链注入新动能。

广交会、服贸会、进博会、消博会……国家级展会的“四轮驱动”，成为中国主动与世界分享发展机遇的开放合作平台。中国以实际行动，向世界展现了一个更高开放水平、更有责任担当、更加积极作为、更具发展智慧的中国。

以不到全国 0.04% 的国土面积，实现了全国 16.5% 的外贸规模，利用外资占全国比重达 18.1%——这是全国 21 个自贸试验区今年前三季度的成绩。自 2013 年设立第一个自贸试验区以来，中国自贸试验区渐成“雁阵”，形成东西南北中协调、陆海统筹的开放态势。

新设企业、实际利用外资、引进人才、离岛免税购物等均实现翻番……在自由贸易港建设开局之年，今年以来海南经济增速在全国名列前茅。海南拥有自由贸易港这一当今世界最高水平的开放形态，将对接国际经贸新规则，在制度集成创新上实现全面突破。

从自贸试验区到自由贸易港，中国正着力推动规则、规制、管理、标准等制度型开放，打造开放层次更高、营商环境更优、辐射作用更强的开放新高地。

管理机构正式揭牌，将充分发挥澳门对接葡语国家的窗口作用，打造中国—葡语国家金融服务平台。前海深港现代服务业合作区扩容，将打造粤港澳大湾区全面深化改革创新试验平台，不断构建国际合作和竞争新优势。

香港中文大学（深圳）全球与当代中国高等研究院院长郑永年认为，两个合作区方案不仅是物理空间的扩展，更是制度创新的扩容，让横琴和前海有了更大的改革自主权，粤港澳融合发展有了更大的纵深。

以京津冀、长三角、粤港澳大湾区为重点，提升创新策源能力和全球资源配置能力，中国正加快打造引领高质量发展的第一梯队。

在中山大学区域开放与合作研究院院长、粤港澳发展研究院教授毛艳华看来，上述三个区域在构建产业链、价值链、供应链以及提升稳定性方面拥有较强竞争力。加快构建"双循环"新发展格局，要以这些城市群为引擎，以创新为引领，提升带动全国产业链升级和竞争力升级。

角色
从全球化的参与者到建设者

12月3日，中国、老挝两国元首通过视频连线下达发车指令后，首发"复兴号""澜沧号"列车分别从昆明站、万象站同时驶出，中老共建"一带一路"的标志性工程——中老铁路全线正式通车。

中老铁路通车，不仅让老挝圆了修建贯穿全国铁路的夙愿，更为泛亚铁路的最终实现奠定了重要基础，有望对中国—东盟自由贸易区、大湄公河次区域经济合作产生进一步积极影响。

这是中国积极推动对外经贸创新发展的最新力证。20年来，通过基建连通、规则对接和经贸融通，中国已经实现从经济全球化的参与者到重要建设者的角色转变。

"中国为全球提供了7亿多富余劳动力，为降低全球商品的生产成本提供契机，从根本上改变了全球的分工格局，为全球创新提供基础支持。"中国人民大学副校长刘元春如此总结。

守信履约不是结束，而是更高水平开放的开始。

明年1月1日，随着RCEP正式生效，一个总人口、经济体量、贸易总额均占全球总量约30%的全球最大自贸区即将在东亚形成。

今年9月，中国正式宣布申请加入CPTPP。业内专家认为，这意味着第二次入世，因为CPTPP是目前全世界最全面、最进步、最创新、最开放的经济贸易规则。

11 月，中国正式提出申请加入 DEPA，将有助于中国在新发展格局下与各成员加强数字经济领域合作、促进创新和可持续发展。

一花独放不是春，百花齐放春满园。中国的发展离不开世界，世界的发展同样离不开中国。展望未来，在世界百年变局和世纪疫情叠加交织背景下，中国将继续推进共建开放型世界经济，与世界各国分享中国迈向高质量发展的澎湃活力和无限机遇。

（《南方日报》2021 年 12 月 13 日 A01 版
昌道励　王　彪）

一组“外眼观”高端访谈

松下全球副总裁本间哲朗：把以中国为起点的创新事业拓展到全球市场

11 月 4 日，第四届中国国际进口博览会正式开幕。习近平主席在主旨演讲中提出，今年是中国加入世界贸易组织 20 周年。20 年来，中国全面履行入世承诺，不断扩大开放，激活了中国发展的澎湃春潮，也激活了世界经济的一池春水。南方日报“双循环　天地宽”——中国入世 20 周年全媒体报道今起推出“外眼观”系列高端访谈，对话世界 500 强中的外资企业、国际组织等，观察 20 年来中国的变化与贡献，以及新发展格局下的中国机遇。

A02 要闻

让开放的春风温暖世界

——在第四届中国国际进口博览会开幕式上的主旨演讲

中华人民共和国主席　习近平

进博会“全球购”
广东买家觅商机

把以中国为起点的创新事业拓展到全球市场

"我深刻地感受到，松下在中国的管理模式，需要升级为能够调动中国员工积极性的管理模式，即让中国年轻的管理层也能产生共鸣。"来中国任职两年半，松下集团代表董事、全球副总裁、松下电器中国东北亚总代表本间哲朗的汉语越发标准和流利。如何组建更强的中日融合管理团队，用中国模式推进中国本土经营，是他思考最多的问题。

作为改革开放后最早进入中国的外资企业之一，松下集团自1978年进入中国市场以来，已发展成为在华最大规模的日企：在中国拥有72家法人公司，约5万名员工，9000名研发人员，1100亿元的年销售规模占集团业务的1/4。

然而，本间哲朗坦言，2008年后，松下在华业务的发展没有赶上中国GDP发展的速度，"在原有的体制下，处于日本的事业部长无法感知中国市场的迅速变化"。为此，松下在2019年4月成立中国东北亚公司，这是松下集团首次在日本以外成立事业和地域统括职能合二为一的公司，并首次将经营决策权放到海外。

为了让中国的经营团队更关注中国的变化，他开通了微博账号，还亲自参与线上直播。"中国销售模式变化迅速，这在日本是无法想象的。"他期望，以中国为起点的创新事业，不仅能助力百年松下转型的新征途，也能为全球经济的发展作贡献。

首次将经营决策权放到海外

南方日报：进入中国市场以来，松下集团在中国的布局经历了哪些重大调整，松下中国总部在管理架构、决策权等方面有着怎样的变化？

本间哲朗：松下集团的中国事业始于1978年，彼时集团创始人松下幸之助先生83岁。时任中国国务院副总理的邓小平访问日本，邀请松下老先生为中国的现代化建设作贡献。

1987年，松下在华设立第一家合资公司北京松下彩色显像管有限公司。1994年，创办了集科工贸于一体的松下电器（中国）有限公司，并在2002年实现独资。此后十余年间，松下集团持续加大在华投资力度。

2008年后，我们越发意识到松下在华业务的发展没有赶上中国GDP发展的速度。在原有的体制下，处于日本的事业部长无法感知中国市场的迅速变化，也无法快速进行经营判断。

松下中国东北亚公司成立以来，用中国速度、中国模式、中国成本推进中国本土经营，针对中国市场需求开发了很多首发产品。尽管受新冠肺炎疫情影响，松下 2020 年在中国的业绩仍实现了同比 16% 的增长，2021 年第二季度的销售额也实现两位数增长。

南方日报：中国加入世贸组织 20 年来，你如何看待中国市场、中国制造和中国研发在全球产业网络的变化？中国的营商环境发生了哪些变化？

本间哲朗：中国加入世贸组织 20 年来，已发展成全球第二大经济体，在保持制造大国称号的同时逐渐转变为消费大国、工程大国、创新大国。中国市场具有无可比拟的优越性：巨大的市场规模，全民应用智能手机，对新技术能快速吸纳，有尊重创新、允许失败的社会风气和土壤，拥有大量技术人才和强大的产业供应链。

松下是中国改革开放的见证者，我们能成立中国东北亚公司，毅然决然推进“中国业务中国决策”的体制，正是得益于《外商投资法》的实施以及中国的“十四五”规划中所提供的高水平对外开放平台。乘着 eWTP、RCEP 的东风，松下不仅将奋力于中国国内的销售，还将积极推进面向亚洲出口等举措。

组建更强的中日融合管理团队

南方日报：很长时间里，松下在全球家电中位居前列，进入中国后更是中国民营企业学习的对象。随着国内家电企业的兴起，包括松下在内的外资企业都遭遇了激烈的市场竞争，这对松下的发展带来怎样的影响？

本间哲朗：20 世纪 80 年代，我来中国后发现，“会计制度”这种内控系统已经在很多中国本土公司普及。松下在产品的研发、生产、销售渠道、服务以及投资建厂、企业管理等方面，可能都曾为中国本土企业的崛起提供过借鉴，这是我们的荣幸。

我们也看到，中国的家电企业发展非常快，涉足领域很广。事实上，我们在华业务的最大板块，是电子零部件和生产自动化的设备，是用来支持中国家电行业发展的。所以，中国民营企业不是我们的竞争对手，而是客户，是合作伙伴。

对于松下中国的家电行业来说，2013年决定不生产彩电，是我们遇到的最大困难。这让我们不得不重新定义家电事业。此后，松下主要销售冰箱、洗衣机、卫浴以及美容仪器等小家电，近年来开始兼顾大小家电和住宅设备的发展，希望获得更大发展空间。

南方日报：你一直主张向中国企业学习，认为松下要学习中国民营企业的经营模式和成本控制经验，以实现在中国市场的进一步发展。松下向中国企业学到了什么？

本间哲朗：中国有非常多优秀的民营企业在迅速成长。比如美的、格力等广东本土家电企业，在产品研发、创新能力、市场占有率、企业管理体制以及营销模式等方面都是值得学习的。

松下有着百年积淀的品牌力，拥有其他公司没有的生产线和丰富的商品事业等优势，但也存在束缚比较多、决策不够快、反应不及时等问题。松下一直以来都在中国践行着日式管理，这有利有弊。

我深刻地感受到，松下在中国的管理模式，需要升级为能够调动中国员工积极性的管理模式，即让中国年轻的管理层也能产生共鸣。我将中国式的人事机制分解为——领导力、正面激励和反面刺激、权责一致的组织结构设计、阶段性的节点式评价。结合这四点，我们来组建更强的中日融合管理团队。

在"双循环"新发展格局中深化中国创新事业

南方日报：目前松下在广东的布局是怎样的？从全国来看，你如何看待粤港澳大湾区的角色和未来发展前景？

本间哲朗：广东是松下在中国重要的发展基地之一。自1993年创办第一家公司以来，至今共有11家公司落户广东，主要分布在广州番禺、黄埔，佛山顺德，以及深圳、珠海、江门、东莞等地。业务领域涉及压缩机、中央空调、家用空调、美健产品、电子材料、伺服马达、供EV电动车使用的电容器和自动化生产设备等。

其中，松下在珠海有生产伺服马达的工厂，为中国制造业的生产提供重要零部件。在江门有专门生产电容器的工厂，为混合动力车或是 EV 车提供稍微大的电容器。在顺德的新风工厂，是松下新风业务领域最大的工厂；2021 年 8 月新开的“顺德第一分厂”，投资 2.2 亿元，主要生产换气用的新风系统、空气净化器等室内空气质量产品。

粤港澳大湾区是松下在中国的重要业务中心，松下将始终在广东省各级政府部门的大力协助下，积极推进企业创收，参与粤港澳大湾区的建设，为地方经济发展和社会协同发展作贡献。

南方日报：*你如何理解中国正在构建的“双循环”新发展格局？在“双循环”新发展格局下，松下在中国有何发展计划？*

本间哲朗：松下进入中国市场以来，始终与中国市场的开放进程和全球经济的发展并肩前行。20 世纪 90 年代，松下大力拓展中国消费市场，为消费者提供种类丰富、品质精良的产品，经营重点主要放在内循环。到 21 世纪初，松下充分发挥在中国的产品制造优势，积极发展海外出口业务，将重点转移至外循环。

从 2010 年至今，随着改革开放进程不断推进，松下内外循环并重：一方面继续深化中国国内的事业，目前业务规模已占到松下在中国整体事业的 60%；另一方面继续扩大海外出口，将以中国为起点的创新事业拓展到全球市场。

在“双循环”新发展格局下，松下希望用多年积累的养老产业经验，助力解决中国的老龄化问题，也将致力于为疫情后的日常生活提供更多新概念的清洁产品。针对中国提出的碳达峰、碳中和目标，松下将提供更多环保产品，在节能减排上提供更多支持。

（《南方日报》2021 年 11 月 5 日 A02 版
昌道励）

一组“对话世界500强”深度观察

新零售盒马：背靠新技术增添世界零售多样性 | 对话世界 500 强

下班前通过手机 APP 在盒马鲜生买好全套火锅食材，回到家时，晚餐火锅早早就在家门口“候着”了——这已成为很多白领的日常。

大到家电、厨柜，小到一肉一菜，通过互联网大数据“算法”得出的资源配置，让人们享受到前所未有的购物便利性和丰富性。

2016年，伴随着网民的壮大、用户网购行为的养成，新零售盒马鲜生应运而生。

背靠互联网科技公司，盒马不断探索整合线上线下资源、将数字化模式贯穿零售全产业链的新模式。同时，对应各环节的运作场景，又将高科技应用投入其中，进行测试，做中国新零售“第一个吃螃蟹的人”。

如今，配送到家、线上线下全渠道、电子标签、AI 导购、扫码购、用户画像、订单农场等创新做法，在中国零售业被广泛应用，“盒马模式”也成为主流业态。

然而，正如盒马创始人兼 CEO 侯毅所说，中国新零售还未定形，他们仍在不断探索用数字化的方式重构零售消费，不断锤炼新模式。这些探索和创新，为世界零售的多样性增添了更丰富的样本。

科技新平台
30 分钟内送达商品

走进盒马门店，“黑科技”随处可见：屋顶的滚动滑轨吊着用户在 APP 下单的货品，快速滑向门店一侧的取货区，快递小哥娴熟地取下袋子，快速地骑着电动单车送货；在结账区的自助机前，消费者拿着商品对着扫码小窗“滴”一下，屏幕上立即显示该商品的价格、件数，支付时打开支付宝或微信，扫一扫即可完成交易。

在门店后端的仓库、物流、生产等环节，人工智能、大数据算法、物联网等新科技的应用更多。

盒马鲜生有关负责人以拣货环节为例：“用户在线下单后，后端系统把拣货员管理区域内的物品信息传到 RF 扫描枪，电子价签在系统中已经记录了所有货品和货架的位置，可以计算出最科学的‘拣货动线’，甚至可直接定位货品，分配给最近区域的拣货员。”

这些新科技应用的最终目的，是让消费者获得更快、更便利、更新鲜的购物体验。

“以现制现做的熟食、预制菜为例，传统零售的做法，会要求所售品类全国一致。但对于我们来说，这个类目要本地化，要把更多适合本地人需求和喜欢的产品纳入经营范围内。比如在广东，盒马店会推出更多潮汕味道、客家味道的美食。”盒马鲜生大湾区总经理孙庆阳说。

“这不是超市，也不是餐饮店，而是一个数据和技术驱动的新零售平台。用户不仅可以在店内购物、就餐，还可以在 APP 上购物，盒马最快会在 30 分钟内将商品送达。”盒马诞生之初，曾备受质疑，当时，侯毅道出了其心目中盒马的样子。

消费新需求
“订单农场”稳定供应

新零售“盒马模式”的出现，不仅在前端对传统零售的服务、货品、店铺形式等作出改变。更重要的是，它通过前端的消费大数据，倒逼零售产业链中上游供给端的革新，重构产业结构，提升有效供应。

在上海市一家有机农场的包装车间里，员工们有条不紊地为刚刚采摘的空心菜进行分拣和包装。这些有机菜 70% 以上供应给盒马店。按要求，每包菜身上都必须带有机认证二维码。消费者通过手机扫码可溯源其“身世”。

这家农场是盒马在国内外众多“订单农场”的上游合作者之一。在全国，其自 2019 年开始布局自有“盒马村”，即专为该公司种植农产品的村庄，农户种出的优质农产品可直接卖到盒马线上线下新零售平台。

与传统种植基地不同的是，这种模式属于定向种植、以需定产。通过消费大数据，前端把市场行情、消费趋势传递给种植端，再进行有效生产。

盒马副总裁沈丽认为，这种模式一方面依靠销售端的用户反馈，把更多市场信息和用户需求带到田间地头，帮助农户规划种什么、怎么种；另一方面在农产品种植前提前约定采购金额和采购量，稳定农产品价格。

据悉，截至目前，全国共有 136 个盒马村，遍及 19 个省（自治区、直辖市）。

出海新布局
“全球定制”满足需求

今天，连接上亿消费者的消费互联网，对产业链、供应链的影响作用已向更广阔的空间纵深发展。

今年进博会上，全球最大肉类供应商——来自巴西的企业 JBS 与盒马签署合作协议，来自美国科罗拉多牧场的谷饲牛肉将直抵全国 300 多个盒马门店，进口贸易成本节省 10%，中转贸易时间缩减 10%。此外，进口牛肉在鲜度、溯源上也升级。

“我们已打通牛肉的国际供应链，美国、加拿大、新西兰、俄罗斯等国家的牛肉制品，通过直采进入中国市场，新鲜牛肉的品质和价格都可以超越国际巨头，能够与全球巨头竞争。”侯毅自豪地说。

传统零售是基于货品去驱动消费者的行为，但新零售是从人开始的。基于中国消费升级，再加上消费和产业互联网技术加持，中国新零售的国际供应链已从“全球买货”升级为“全球定制”，分处世界各地的原产地，逐渐被连接成为中国消费产业链上的一环。中国消费市场与国际产业结合得更紧密了。

近年来，头部中国零售企业纷纷在海外布局新基建，除了盒马外，京东也拥有约 50 个保税仓库及海外仓库、近千条国际运输线路，国际供应链网络触达全球 220 多个国家，可实现门到门 48 小时送达。

“过去200年，各国零售都在反复迭代。未来中国零售将成为去中心化的零售，产业链各环节可在手机上进行无缝操作，在手机上就能实现商品生产制造、消费体验等场景。”在中信证券研究部总监、商业零售行业首席分析师周羽看来，“线上线下未来一定是不分开的”。

■ 特写

消费新体验：智慧价签亮灯，4 分钟搞定订单

新一轮促销来了，线上部分品类商品降价促销，工作人员动动手指在电脑系

统上操作，瞬间全国所有门店电子价签上的价格也同步更新；来订单了，货架上相应货品智慧价签的指示灯亮了起来，分拣员快速拣货，4 分钟就完成了一张订单；下午，烘焙区糕点价签上显示的鲜度数据已悄然变化，上午制作的食品下午仍未卖出，其鲜度会自动降级……

最近，广州盒马门店又出现“黑科技”。这次，新零售从一张小小的价签牌上找到了创新的窗口。从外观看，该价签是一块电子屏，上面显示相关物品的信息，如上架时间、新鲜度、热销排位等。相比传统纸质价签，此次该公司上新的第三代智慧价签更环保。它采用电子墨水技术，内含可联网的芯片，工作人员可通过后台随时对商品价格及相关信息进行调整。

“未来还将增加更多功能模块，比如好评率等，为消费者选购商品提供更多参考。”盒马技术专家朱梦洁说，该智慧价签系公司技术团队自主研发，属行业内首创。朱梦洁还表示，该公司在零售系统里使用的大多是成熟技术，但创新应用到各类场景中，以新面貌出现在人们日常生活中。“无论是智慧价签还是其他技术创新，我们都希望以更好的消费者体验为目标。”

（《南方日报》2021 年 12 月 2 日 A10 版
欧志葵　叶　丹　王一舒）

一部微纪录片

爆款广东

扫码查看

广交会系列通讯

广交会时刻：如约而至　共享未来

A05 要闻

广交会时刻：
如约而至　共享未来

持续优化办税流程，企业畅享税惠红利
税收赋能广交会　企业加速融入双循环

珠水奔腾，万商汇粤。在千年商都广州，第 130 届中国进出口商品交易会（下称"广交会"）开门迎客，一场跨越时空的国际贸易盛会正式开启：

线下，近 8000 家企业展出精品，汇聚起疫情下世界最大规模展会；线上，2.6 万客商"云"端交易，搭建起低成本高效率全球"贸易之桥"。

从共和国会展的"独生子""长子"到"中国第一展"，65 年的广交会，书写了一部汇涓流、战风浪、纳百川的奋斗史，谱写出中国改革开放交响乐中动人心弦的一章。

本届广交会，首次线上线下融合举办、首次以促进国内国际双循环为主题、首次全面邀请境内采购商参与……庆祝中国共产党成立 100 周年的历史时刻，广交会以改革创新的示范、拥抱全球的决心，再添中国高水平对外开放的厚重一笔。

秋风又劲好时光。一期一会，"广交会时刻"如约而至。正如中国改革开放的脚步不会停止，全球开放合作的时代大潮也不可逆转。

潮涌珠江

临珠水而面南海，千百年来，广州始终是中国对外贸易的窗口。

新中国成立后，为了打破西方资本主义阵营对中国实行的封锁禁运、开辟一条与世界交往的通道，广交会于 1957 年 4 月在广州应运而生。

跨越两个世纪的广交会，几乎浓缩了一部中国外贸发展史，成为中国外贸的“晴雨表”和“风向标”。

特别是改革开放以来，广交会出口成交突飞猛进，1994 年春交会突破 100 亿美元，2003 年秋交会突破 200 亿美元，2005 年春交会起每届均超过 300 亿美元。中国外贸总额从新中国成立之初的 11 亿美元增至 2020 年的 4.6 万亿美元，成为全球第一大货物贸易国。

“始终围绕改革开放大局，始终服务对外贸易转型，始终引领展会改革创新。”在广交会副主任兼秘书长、中国对外贸易中心主任储士家看来，这是广交会历久弥新的动力和源泉。

从 2003 年首次推出线上广交会并首次建立跨国采购平台，到 2007 年首次设立进口展，2008 年设立品牌展区、加快向综合功能平台转变，再到 2020 年以来广交会三度上“云”，2021 年首次线上线下融合举办……在时代变迁中，广交会用一个个“首次”交出创新答卷。

65 年来，海尔、美的、格力、TCL……一批批拥有自主知识产权、自主品牌的源头创新企业，在广交会的舞台上崭露头角，走向世界。

作为参加广交会届数最多的家电企业，海尔在 1988 年的广交会上只有半个冰箱摊位，不足 5 平方米；到了 2017 年的第 122 届广交会，海尔一口气设立了新品发布区、冰冷、洗涤、空调等 10 个展区，多数产品具备全球首创或唯一的颠覆性技术，诠释了从一个刚起步的小厂到全球白色家电巨头的飞跃。

广交会脚下的南粤大地，5G、大数据、人工智能等越来越多的“粤智造”不仅为全球消费者带来新服务、新体验，也推动国际产业网络向着韧性更强、效率更高、质量更优不断跃升。

适逢中国共产党成立 100 周年，第 130 届广交会注定是一场不同寻常的展会。“本届广交会首次以‘双循环’作为主题，同步在线上线下融合举办，既是新创举，又是新机遇，更是新的里程碑。”储士家说。

在国际贸易发展的关键时刻，中国以“双循环”的新渠道，以开创性的合作大平台，标注改革开放的新高度。

浩荡前行

翻开本届广交会参展商名录，2.6万家企业分布在51个展区中，电子及家电、五金工具、机械、日用消费品、礼品、家居装饰品、纺织服装等16大类商品琳琅满目。

未来几天，超过20万采购商将到场“扫货”，在这里收获“展品变商品”“贸易促投资”的信心，汇聚共促发展的强大能量。

中国舞台，世界合唱。广交会激发强大的“磁场效应”，成为夺取疫情防控胜利和推动全球经济恢复的试金石。

去年，突如其来的新冠肺炎疫情对全球贸易往来造成巨大影响。依靠活力十足的中国互联网产业，只用了短短两个月的时间，“网上广交会”从承诺变成现实，彰显中国稳外贸的坚定决心和拥抱全球化、为世界经济发展作贡献的强烈信念。

一年多来，以习近平同志为核心的党中央带领14亿多中国人民，坚持人民至上、生命至上，统筹疫情防控和经济社会发展，在全世界率先实现经济增长由负转正。数据显示，今年前八月，中国进出口总值24.78万亿元人民币，同比增长23.7%，比2019年同期增长22.8%，中国外贸新优势彰显。

正是有了这份底气，本届广交会首次实现线上线下融合举办，40万平方米展区精品荟萃，部分展区“一位难求”，展览规模更大，展区设置更优，展出体验更佳。

“华南美国商会的2300多名会员，这次终于可以线下参加广交会了，不能到场的还能网上采购。”华南美国商会会长哈利·赛亚丁很期待，“我们都很激动，相信本届广交会将为中美贸易的增长作出贡献。”

“广交会对我的生意帮助很大，让我发现了新产品，更重要的是帮我发掘了前所未有的市场。”法国采购商法比安·德桑说，尽管疫情冲击国际贸易，他还是能在“云”端与中国企业做生意，对中国市场和中国经济前景充满信心。

新主题，新形式，新体验。疫情没有改变中国经济长期向好的趋势，反而更加凸显中国市场的潜力和韧性。

海纳百川

讲好广交会故事，就是讲好中国故事。

当前，世界面临百年未有之大变局，世界经济是在“逆全球化”中停滞不前，还是在不断开放中做大蛋糕？中国行动给出了答案。

从首届广交会迎来 19 个国家和地区的 1223 名采购商，到第 126 届广交会增至 210 多个国家和地区的约 20 万人，再到第 130 届广交会吸引 220 多个国家和地区的采购商线上线下参与……广交会依旧熙来攘往，就是中国对外开放的生动注脚，就是全球化成果的最新、最集中展示。

对历史大势的准确判断，对时代命题的主动回应，中国充分展现了大国胸襟和使命担当，广受赞誉。

“广交会是中国对外开放的一张名片，而且时间越持久，就越会绽发出自己的光彩，它已成为世界的一个公共产品。”世贸组织副总干事张向晨认为。

世界 500 强企业美国霍尼韦尔公司是广交会进口展的常客，今年，该公司带来了多项在中国本土研发生产的新产品。“中国是霍尼韦尔在美国以外最大的单一市场，也是公司最大的增长型市场。”霍尼韦尔中国总裁林世伟说，期待继续借助广交会与广大中国客户并肩共进，把握广交会带来的新机遇。

“中国市场的很多力量资源推动我们走向海外，我们在海外的布局也推动了国内科技的发展。长期看，全球化的趋势不会变。”美的集团董事长方洪波说。

弄潮儿勇立潮头。乘广交会东风的广东，吹响了全面建设贸易强省的号角，大力实施贸易高质量发展“十大工程”，创建国家数字贸易先行区，以实干苦干续写更多“春天的故事”。

格兰仕是最早参加广交会的广东民营企业之一，本届广交会上，他们将首次与惠而浦联合参展，带来微蒸烤、冰洗等系列产品。格兰仕集团董事长兼总裁梁昭贤说，通过广交会，格兰仕不断与众多新老客户沟通开拓合作边界，为全球消费者提供高品质高科技的产品和服务，把中国一流的产品、服务和技术推向全球每一个市场。

宛若巨型飘带的广交会展馆，处处彰显着和平合作、开放包容、互学互鉴、互利共赢的"丝路精神"。历史的如椽巨笔，将在这里谱写中国开放的新篇章，勾勒世界经济的复苏图景。

珠江奔涌不息，历史大潮浩荡。扬合作共赢之帆，世界繁荣之船一定会驶向更加光明的未来……

（《南方日报》2021年10月15日A05版
昌道励　袁佩如　陈　晓　王　彪）

广交世界　携手共赢
——第130届中国进出口商品交易会巡礼

广州的深秋是绚丽的，果实飘香，鲜花灿烂……

这是一个收获的季节——5天，累计进馆60万人次！10月19日闭幕的第130届中国进出口商品交易会（广交会），吸引了约2.6万家中外企业线上参展、近8000家企业线下参展，来自228个国家和地区的采购商线上线下共襄盛举，一个个乘兴而来、满意而归的广交会故事，奏响金秋最美乐章。

这是一个播种的时节——今年，首次线上线下融合举办的广交会，交易的是商品和服务，循环的是国内和国际市场，播下的是开放、合作、共赢的种子……

"中国愿同世界各国携起手来，秉持真正的多边主义，推动建设高水平开放型世界经济。"

第130届广交会虽已落幕，但中国和各国搭建的全球开放合作的舞台永不落幕，中国推动更高水平开放的脚步不会停滞，全球开放共赢的时代大潮不可逆转……

盛举
新老朋友 “买卖全球”

珠江之畔，过去5天的广交会展馆，中外客商熙熙攘攘。

40万平方米的展览面积，近8000家企业线下参展，疫情下全球规模最大的线下实体展顺利举行，向世界宣告中国大型展会实现全面复工复产。

“受疫情影响，全球人员交流受阻，中国经济在疫情中率先复苏，能成功举办大型实体展，非常不容易。”波兰共和国驻广州总领事馆总领事亚当·布拉尔赤克说。

如今，“老朋友”再度相聚，“买卖全球”共享开放红利。

海尔智家的展位上，本土化自主创新品牌的产品遍布500平方米的展区，没有一件代工产品。从“品牌出海”到“场景出海”，海尔的全球化转型蹄疾步稳。“当地用户想要什么，我们就定制什么。”海尔海外电器产业有限公司副总裁张庆福说。

在进口展区，世界500强企业霍尼韦尔带来多项在中国本土研发生产的新产品。霍尼韦尔中国总裁林世伟说，广交会是一个世界级交流平台，既带来与广大中国合作伙伴互利共赢的机会，也为企业进一步展示自身技术优势提供了窗口。

“新朋友”纷至沓来，扩大“朋友圈”，抢抓“双循环”机遇。

本届广交会，首次以“双循环”为主题，迎来大批新面孔。名创优品全球数码业务有关负责人乐启凡，首次以境内采购商身份参加广交会。“我们将借助名创优品覆盖99个国家和地区4749家门店的渠道能力，把更多优质‘中国造’产品推向国内外市场。”他说。

首次参加广交会，亿航的自动驾驶飞行器吸引了众多中外客商围观试驾。“很意外！很惊喜！已经有十多家国内外企业和城市管理部门等跟我们表达了合作意向。”亿航智能副总裁薛鹏收获满满。

新老朋友共襄盛举，海纳百川寻觅商机。熙来攘往的广交会，为构建“双循环”新发展格局注入新动力。中国国际经济交流中心经济研究部副部长刘向东认为："广交会不断适应形势和格局变化，深挖国内外消费内需，畅通国内国际双循环，有助于巩固提升全球供应链产业链韧性。"

盛宴

"双线融合" 开启商机

16大品类51个展区，线上线下同步举办……5天的时间里，广交会以"双线融合"的全新路径，呈现了一场突破时空限制的贸易盛宴。

这是一场科技创新的盛宴——一家家中外创新企业竞相亮相、精品频出，让广交会变身全球科技创新大秀场。

刀片电池、DM-i超级混动技术、e平台3.0……在首次参展的比亚迪展区，一系列新能源汽车行业内的领先技术，让中外客商目不暇接。

可360度摇头旋转的风扇，风速可达5.8米/秒，风距达到惊人的8米，日本株式会社西哲展出的"稻田扇"将落地中国量产，抢抓"双循环"发展机遇。

来自31个省区市的116家行业龙头企业，举办了涉及16大类商品43个展区的170场新品发布活动，充分展示了中国企业的创新活力。

这是一场贸易服务的盛宴——首次引入第三方公共海外仓、航运等服务，广交会不断创新机制、丰富业态、拓展功能，畅通外贸产业链条和供应链条。

福建纵腾网络有限公司展位上，一张全球物流网电子地图格外醒目，逾百条企业自营的国际专线纵横交错，构建起纵腾四通八达的跨境电商网络。

全球最大的综合航运企业中远海运首次亮相广交会。中远海运运营与营销管理部运营管控经理徐磊说："在广交会上直接面对制造企业，了解他们的需求，为我们的运力调整提供参考，同时也能及时传递最新的航运信息给他们。"

这是一场乡村振兴的盛宴——883家企业集中亮相乡村振兴特色产品展区，"色香味俱全"的小康故事在广交会上演。

贵州的白酒、东北的药材、藏族的唐卡、苗家的刺绣……丰富多彩的特色产品如同百川汇流，广交会打开了广袤乡村的市场蓝海。

跨越江河，安徽庆丰草席工艺品厂总经理门国成为老家的村民带去了好消息：

"广交会是推广产品、拓展客源的重要渠道，成交效果不错。"

从世界500强到新锐公司，从智能制造到农产品，全球产品汇聚一堂，体现的是"计利当计天下利"的格局和胸怀，正如广交会的口号：广交世界，互利天下。

盛意

携起手来 开放共赢

活力——这是哥伦比亚驻华大使路易斯·蒙萨尔韦眼中的广交会："以前在广交会找到了满意的商品，现在更看到充满活力的贸易创新。"

丰收——这是西班牙白色家电制造商法格大中华区CEO葛挺心中的广交会："我们收获了中国大型高端百货、电器连锁及商超和礼品渠道的意向订单。"

期待——这是智利驻华大使路易斯·施密特眼中的广交会："期待还能来购买更多的新能源轿车和卡车。"

在不同肤色、不同语言的嘉宾眼里，一个共识更加清晰：广交会这个中国的盛会，释放出中国与世界互利共赢、共享未来的盛意。

这里有广东的拳拳盛意。

5天的线下广交会，安全有序，精彩纷呈。"国境、城市、住地、场馆"四道防线，牢牢织密疫情防控网；"证码合一、无感通过"，进馆安全又高效。

广州举全市之力——"服务保障广交会平台功能跃升、影响力提升，将广交会展馆建成全球最大会展综合体。"广州市商务局局长洪谦说。

广东政企协力——"全力帮助企业线上线下全渠道拿订单、拓市场、创品牌，培育竞争新优势，共享全球商机。"广东省商务厅厅长张劲松表示。

这里有中国的拳拳盛意。

第130届广交会线下展圆满举办，向世界发出中国推动经济行稳致远、促进国际贸易高质量发展的强力信号：

继续深化对外经贸合作——扩大优质产品和服务进口，年底前增设一批跨境电商综合试验区并在广东等地实现全省覆盖，打造一批全球贸易数字化领航区。

要让中国始终成为外商投资的"沃土"——进一步压缩外资准入负面清单，

实现自贸试验区负面清单制造业条目清零，高标准落实外资准入后国民待遇。

推进贸易投资自由化便利化——推动《区域全面经济伙伴关系协定》(RCEP)尽早生效实施，积极推动加入《全面与进步跨太平洋伙伴关系协定》(CPTPP)进程。

盛情盛意，大国担当。有怎样的胸襟，就有怎样的世界。

巴西驻华大使保罗·瓦莱期待，两国携手克服疫情带来的挑战，促进贸易多元化和人员商贸流通。

"中国坚持改革开放不动摇，这对世界经济的复苏非常重要。"新加坡驻广州总领事罗德杰期待，依托两国现有的良好合作基础，接下来可在经济转型升级和科技创新领域继续深入合作。

孟加拉国驻华大使馆商务参赞孟苏尔对中国饱含情谊："作为全球第二大经济体，中国为周边国家提供了巨大发展机会。我们愿意与中国共赢。"

风生水起，江河奔腾。

从这个秋天再出发，"永不落幕"的广交会将演绎新的精彩……

（《南方日报》2021年10月20日A01版
昌道励　陈　晓　袁佩如）

广东优质营商环境成吸引外资"强磁场"

我国化工行业首个外商独资项目取得里程碑式重大进展。2022年9月6日，在湛江东海岛，总投资约100亿欧元的巴斯夫（广东）一体化基地项目全面建设启动，首套装置正式投产。自此，巴斯夫每年将为中国市场增产6万吨改性工程塑料，该产品在亚太区的总产能将从2023年起提升至42万吨/年。

在当前全球经济环境面临诸多挑战的背景下，该项目的全面推动建设，不仅充分彰显了外资对广东营商环境的坚定信心，还将助力广东加快打造世界级

南方日報
高度决定影响力
奋进新征程 建功新时代
领航中国
激荡清风正气 凝聚党心民心
——党的十八大以来深入推进党风廉政建设和反腐败斗争述评
习近平主持召开中央全面深化改革委员会第二十七次会议强调
健全关键核心技术攻关新型举国体制
全面加强资源节约工作
李克强王沪宁韩正出席
韩正出席巴斯夫(广东)一体化基地
项目全面建设暨首套装置投产仪式
喜迎二十大
广东优质营商环境
成吸引外资“强磁场”
全省疫情防控和安全生产工作电视电话会议在广州召开
扎实做好中秋节前后疫情防控和安全生产各项工作
李希王伟中孟凡利出席会议
切实把学习成果转化为
人大工作高质量发展实际成效
抓住黄金救援期抢救生命
新登记个体工商户百万户

绿色石化产业集群，推动高质量发展。

近年来，广东加快构建市场化、法治化、国际化营商环境，打造吸引外资发展的“强磁场”。来自广东省商务厅的数据显示，今年前七月，全省资金额 1 亿美元以上（含）的外资大项目 33 个，实际利用外资 91.4 亿美元，占全省实际利用外资的 54.9%，外资大项目数量和实到外资金额位居全国前列。

巴斯夫（广东）一体化基地、埃克森美孚石化综合体、中海壳牌乙烯三期等一批高质量标志性外资大项目建设不断加快，成为外资稳定增长和广东稳住经济大盘的重要支撑。

“一个个重大项目密集落地，有利于发挥稳投资效应，形成较强的支撑带动作用，积蓄经济发展新动能。”在商务部研究院国际市场研究所副所长白明看来，随着各类要素成本逐步上升，广东要更努力推动高附加值产业的发展，持续攀向产业链中高端。“对外资来说，选择高技术产业，不仅能适应当前经济结构优化升级的需要，还意味着投资未来的发展。”白明说。

作为德国企业在华投资规模最大的单体项目，巴斯夫（广东）一体化基地项目于 2019 年 11 月启动，首套装置于 2020 年 5 月 30 日正式打桩开建并在两年多后顺利投产。

“从签署谅解备忘录到 2020 年首套装置开建，只用了不到两年时间，这主要得益于政府部门和当地社区的大力支持，以及巴斯夫团队及合作伙伴的持续努力。”巴斯夫中国新一体化基地全球高级副总裁、巴斯夫一体化基地（广东）有限公司总经理林汉平说。

项目快速推进的背后是，在疫情反复冲击全球经济的当下，广东相继出台实施《广东省外商投资权益保护条例》《广东省优化营商环境条例》等 系列法规，落实稳外资、稳投资举措，全力招引龙头企业在粤投资大项目、好项目。

“这是一个振奋人心的起点，首套装置的正式投产为基地后续建设实现了良好开局。湛江一体化基地建成后，将成为巴斯夫全球第三大一体化生产基地，为中国乃至全球的可持续生产树立典范。”巴斯夫集团执行董事会主席薄睦乐说。

（《南方日报》2022 年 9 月 7 日 A01 版
昌道励　王　彪）

“包机很及时！我们的订单稳了！”

在广州白云国际机场，一场跨越中国和马来西亚的商机之旅已经开启。2022 年 10 月 30 日 10 时 45 分，广东赴境外参展的商务往返包机南航 CZ5255 启航吉隆坡。“我们有个东南亚的订单，已经在线上谈了半年。包机很及时，我们的订单稳了！”起飞前，华宝（广州）智能科技公司总经理胡城难掩激动的心情。

南方日報

习近平就韩国首尔踩踏事故向韩国总统尹锡悦致慰问电

中共中央关于认真学习宣传贯彻党的二十大精神的决定

（2022年10月29日）

受中共中央和习近平总书记委托 中共中央办公厅 中共中央对外联络部 公告

弘扬伟大建党精神 凝聚团结奋斗力量 奋力推动广东在新征程中走在全国前列创造新的辉煌

精心组织开展集中宣讲活动 用党的二十大精神统一思想和行动

坚持把疫情防控摆在重中之重的位置 推动各项防控措施落细落实落到位

“包机很及时！我们的订单稳了！”

胡城左手一个公文包、右手一个行李箱，除了简单的几件衣服外，全都塞满了新产品和宣传册，而且他公司 4 款最新款的按摩椅早在上个月就已海运至马来西亚了。胡城说，他已经约了数十位马来西亚、泰国等地的客户，“之前有订单谈得差不多了，希望见面后能拿下”。

这趟包机，不仅搭载着 47 家粤企的 79 名外贸人，还装载着智能家居建材、智能家电等行业的“广东智造”，更承载着抢订单、拓市场的新机遇——他们将参加 11 月 2 日至 4 日举行的第四届广东（马来西亚）商品展，与外商面对面谈合作谋发展。

蒙娜丽莎集团外贸经理何献津当日6时就从佛山驱车赶往机场，起飞前电话还响个不停，马来西亚的客户纷纷致电约定见面时间。“我们今年在韩国设立了18个线下展厅，此次赴马来西亚参展，就是要把东南亚的线下展厅也做起来。”他说，公司的产品在东南亚颇受欢迎，今年RCEP（《区域全面经济伙伴关系协定》）正式生效实施，他们要抢抓新机遇加快“出海”步伐。

“近年来，广东高效统筹疫情防控和外贸发展，部署推进贸易高质量发展十大工程，有力应对复杂的国际经贸环境，努力稳住外贸基本盘。”省商务厅党组书记、厅长张劲松表示，贯彻落实党的二十大精神，广东将研究推出新举措，加快建设贸易强省。

日前，广东进一步推出“粤贸全球”包机境外参展计划，为粤企包机赴境外参展提供出入境便利、加强疫情防控管理并降低各项成本。

今年前三季度，广东外贸进出口6.1万亿元，增长1.3%。其中，产业链更长、附加值更高的一般贸易进出口3.33万亿元，增长5.4%，占广东进出口总值的54.5%，占比较去年同期提升2.1个百分点。

“国际贸易特别重视客户体验、商家推销和关系维护，要靠常来往、交朋友。”商务部研究院国际市场研究所副所长白明认为，广东作为经济大省、开放大省，通过包机参展的形式畅通“双循环”、拥抱新机遇，能为广东构建新发展格局战略支点争取更大主动、拓展更大空间。

（《南方日报》2022年10月31日A01版
吕道励　袁佩如　许宁宁）

“时光经济”系列报道

广东经济24小时：
昼夜流转　活力不息

南方日报
鼓励县备条件企业设首席数据官
广东经济24小时：
昼夜流转　活力不息
拥抱新风口　收获新订单
将东莞打造成为科创制造强市
南国书香节闭幕
构建空间新格局　塑造跨区“新轴线”

黎明前烟火燃起，夜色中霓虹闪烁；田地里辛勤耕作，工地上挥洒汗水；车间厂房机器轰鸣，实验室里创造奇迹……

尽管疫情反复冲击全球经济，但广东经济仍展现出强大韧性。当昼夜流转的时间刻度，投射在广东这片高质量发展的热土，每一个时轮里，都演绎出活力不息的故事。

朝气蓬勃
从山海到城市弥漫忙碌气息

清晨6时，朝阳驱散了粤北山区一夜的雾气，海拔900多米的茶园里，一株株百年茶树迎风而立。

梅州丰顺县马图村小有名气的“茶叶大姐”饶展秋，与茶相伴已有30年。靠种茶培养出3个大学生子女的她，最近又在学习新的制茶技术。

跨越山海，同样的朝阳下，“开渔”不久的阳江海陵岛热闹非凡。一艘艘满载的渔船陆续驶入闸坡国家级中心渔港内，渔民将一箱箱种类繁多的渔获快速搬上岸，准备运往全省各地的海鲜市场。

循着新鲜美食的香气，城市也在逐渐苏醒。8时许，广州的茶楼热闹起来，送完孙子孙女上学的“老广”们一边聊天，一边品尝“一盅两件”。

与茶楼中的悠闲不同，在佛山顺德，世界“灯塔工厂”美的微波炉工厂内，“看不见的数据”已在电缆中高速运输。“美的数字化投入已超过120亿元，并主动对外推广制造业数字化智能化转型经验。”美的集团股份有限公司副总裁、CIO

张小懿说。

在庞大的企业主体数字化转型支撑下，广东数字经济规模、软件和信息技术服务业综合发展指数等多项指标位居全国第一，推动制造业数字化向更高水平跃升。

时间分秒流逝，粤企分秒必争。有“中国硅谷”之称的深圳市南山区粤海街道，腾讯、中兴等科技企业星罗棋布，一年创造了不少于2509亿元的生产总值。

10时许，腾讯Robotics X实验室内，今年8月初新发布的Max二代机器人正在进行场景测试：高低起伏的梅花桩上，一台“长”得像宠物狗的四足机器人精准完成高难度动作。

毗邻深圳的东莞松山湖国际机器人产业基地内，机械臂在空调房中稳定运作。这里孵化了60多家科技企业，今年第二季度，松山湖生产总值同比逆势增长9.1%。

韶关浈江产业园，粤港澳大湾区国家枢纽节点韶关数据中心集群起步区首批项目建设快马加鞭，这是今年启动的“东数西算”工程重点项目。

中午12时许，在横琴创业8年的澳门青年陈振杰暂时从忙碌的工作中抽身，准备与同事们一起点午餐外卖。便利的生活条件、良好的创业环境，吸引着越来越多港澳青年到广东工作。

骄阳似火
每一处建设现场都奋战正酣

下午2时，烈日当空。汕尾碣石湾，大潮澎湃。万顷碧波之上，一架架百米高的白色风车迎风旋转。

在明阳智能海上风电产业园风机制造车间，工人们对即将出厂的风机主机做最后的检测。“近两年我们建设了投产后年产能5兆瓦及以上风电机组150套。”明阳智能集团汕尾区域总经理柏建中说。

沿着海岸线，惠州大亚湾海岸上，坐落着全球最大的压水堆核电基地——大亚湾核电基地，6台百万千瓦级核电机组巍然耸立。

在大亚湾核电站的设备间和实验室，身穿蓝色工作服的“核电匠人”周创彬，一丝不苟地检查着每一处零件和系统。31年来坚守一线，他希望吸引更多的年轻人加入核电发展大军，"做出更多对得起自己的成绩"。

依海而建，向海而兴。海风不仅"吹"来了清洁能源，更"吹"动了千亿级产业发展。到 2025 年，全省新能源产业营业收入将达 7300 亿元，形成国内领先的新能源产业集群。

下午 3 时，骄阳似火，跨向湛江东海岛，国际化工巨头德国巴斯夫（广东）一体化基地项目建设热火朝天，该基地生产工程塑料的首套装置很快将投入运营。巴斯夫欧洲公司执行董事会主席薄睦乐对项目充满信心："巴斯夫公司持续看好广东高质量发展机遇，将进一步加大投资力度、加快项目建设进度。"

在全省各地，重点项目建设掀起"夏日攻势"。今年 1—7 月，全省制造业重大项目投资进度 75.9%，超序时进度 17.6 个百分点。

漫长的海岸线，不仅将广东的一个个优势产业串珠成链，也孕育了优美的海滨风光。

傍晚时分，当地居民和游客不约而同地漫步海岸线，惬意而坦然。"游客越来越注重旅行中的服务品质和个性化体验，各大景区将继续做好服务创新。"江门川岛镇副镇长万国友干劲满满。

当落日的余晖照耀在海面，热闹的一天逐渐归于平静，但总有人闲不下来，继续为广东发展奔走。

跨越 140 多公里，华南农业大学教授吴珍芳完成了一天的学术研讨后，从广州来到云浮。20 多年来，他是校企之间的一座桥梁——先后担任温氏股份研究院院长、种猪公司总经理，穿梭在校园、实验室与猪场之间，一面传道授业解惑，一面扎根基层创新突破。

在练江流域，从源头到入海口，从揭阳普宁到汕头潮南、潮阳，基层河长们趁着下班回家的时间再次出来巡河。"练江水质如今越来越好，就连'失踪'30 多年的苦初鱼也回来了。"在附近垂钓的村民笑开颜。

夜晚从来不是
广东人停止奋斗的借口

当河长们伴着橘红色的夕阳回家时，夜幕徐徐降下。夜晚，从来不是广东人停止奋斗的借口。

夜晚 7 时，荔枝湾涌两岸灯光亮起，小胡的“车尾厢”摊位开张了，“主要做咖啡、创意茶饮”。白天，小胡是在早高峰穿梭、出入写字楼的“打工人”，到了夜晚，他就成为一名车尾厢摊主，在喧嚣的城市中寻找宁静的生活方式。

在全省各地，夜经济将新业态串联，满足人们对生活更美好的期待：在潮州，各色小吃香气诱人，各种工艺品琳琅满目；在深圳，看演出、听音乐、逛酒吧，文艺气息满满；在广州，24 小时书店、24 小时便利店成为年轻人的夜晚好去处……入夜的广东人气不减、活力不息。

夜晚 9 时到 10 时，和夜市一样热闹的还有隐藏在写字楼和专业市场里的直播间。

“今晚我们上了新款秋装，这是今年最流行的颜色……”平均每场直播，广州白马服装城主播添添都要上五六十款衣服，一播就是八九个小时。

广东电商经济发达，在全国直播电商百强地区榜中，广州独占 9 个，排名全国第一，深圳、佛山入选地区分别有 4 个、2 个。

热闹并不只属于城里人，在距离广州 100 多公里外的清远连樟村，史庆杰在晚上 11 时许结束了一天的直播带货。依托“连樟村村草”直播号，他把村里的灵芝、五指毛桃和特色茶等土特产销往全国，成为村里的“带货红人”。

设备的轰鸣
奏响了一首别样的“不眠曲”

夜色渐浓，灯火渐疏。

凌晨的南沙综合保税区跨境电商仓库仍亮如白昼，卓志南沙仓现场生产操作员小罗将商品分拣打包、加贴运单、装车发运。

“在南沙，跨境电商进口商品可 24 小时通关，消费者下单后最快当天就能收到商品。”卓志集团关务经理杨海明说，高峰时期每天要打包 20 万个包裹，至少 60 辆货柜车进出厂区。

进出口总值超 500 亿元、国际分拨中心进出口值近 200 亿元、跨境电商进出口商品 1.3 亿件……2022 年上半年，南沙综合保税区成绩单亮点满满。面向世界的南沙，呼之欲出。

深圳平湖南站，万点繁星下，"湾区号"中欧班列马上就要从这里驶出，深圳海关关员张庭提着手电对班列进行最后的检查。

自 2020 年首发以来，"湾区号"列车已运送货物 12.7 万吨，货值突破 61 亿元，为俄罗斯、德国、波兰、匈牙利、意大利等 38 个国家送去"中国制造"。

在广州花都，快递乘着火车而来，随后如潮水般涌向自动传送带。卸货、消毒、分拣、扫描、核对等流程，均由人工辅助、智能化设备完成。在万籁俱寂中，智能化设备奏响别样的"不眠曲"。近年来，广东省快递物流收寄量和快递业务收入均居全国第一。

天色破晓，夜班、白班的物流司机交接完毕，又一个"不打烊"的 24 小时开始了。

货车开足马力，如同搭载着氧气的血液，流向广东的每一个"毛细血管"。它们驶向农田、驶向海港、驶向广东每一个经济活力蓬勃的地方……

（《南方日报》2022 年 8 月 29 日 A01 版
昌道励　陈　晓　宾红霞　许宁宁　袁佩如）

走近深夜的广东经济：
繁星流动　拼搏不眠

扫码查看

走近假日里的广东乡村经济：
留住乡愁　致富不愁

扫码查看

牵一“港”而动全球

A11 广东/时事
深圳盐田港运力放缓，全球供应链患上“紊乱综合征”
牵一“港”而动全球
民进党当局“政治防疫”戕害民众健康
国家航天成就点亮香港青年“太空梦”
1100名小学生乘上“乡村地区校园专线”
原油期权挂牌上市
央行约谈部分银行和支付机构
西共体15国将于2027年发行统一货币
欧盟代表：伊核协议相关方“接近达成协议”
美国暴发罕见结核病涉及多州

一个月来，敏航货代报关经理沈云飞在深圳盐田港区的办公室里，看着窗外的集装箱越堆越高，“港区3公里范围内，几乎找不到一块仓库空地”。

5月21日，一名在盐田港西作业区的员工确诊新冠肺炎，作为全球最繁忙的集装箱码头之一的盐田港，不得不放缓生产速度。

港口运力放缓，从贸易链到产业链产生了一系列连锁反应，让全球供应链患上“紊乱综合征”。背靠珠三角这一世界级制造中心，作为世界级集装箱大港的盐田港，成为疫情下全球航运困境的集中写照。

去年底以来，全球消费需求快速回升，海运能力恢复却相对迟滞。全球贸易大约90%从海上走，海运不畅，便打破了疫情下全球产业网络与消费市场间本就脆弱的动态平衡。

“对供应链的风险防范将成为更多企业的考量因素，但疫情不会阻断全球化进程。长期看，企业必须往高附加值行业走，建立更具韧性的供应链机制。”中国（深圳）综合开发研究院物流与供应链管理所所长王国文说。

出港难“跳港”难
全球航运承压

原定5月底出口德国的货物，已经在盐田港躺了3周，而且仍未能确定准确的出港时间，港华供应链管理经理黄传栋很发愁。

广州港集团副总经理宋小明说，疫情发生后，盐田港部分港区实行封闭管理，码头作业工人减少，作业效率降低。“原本2天就能进港，疫情期间须等待差不多 15 天的时间。”

全球疫情下，运费飙涨、一箱难求、船期延误、国外港口拥堵已成为海运常态。承担着广东超 1/3 的外贸进出口量、全国对美贸易 1/4 货量的盐田港运力放缓，冲击着全球航运物流网络。

“盐田港拥堵已经影响到全球大部分航线。”全球最大的集装箱航运公司马士基亚太区发布的 6 月市场资讯指出，目前已有众多航班航次暂停挂靠盐田港，更改挂靠蛇口、南沙和香港。航班挂靠的转移也导致这些港口面临着一定塞港压力，船舶等待时间更长，进港时间受限。

据不完全统计，近期或将多达近 100 个航线或航次受影响。

“跳港”带来骤升的“流量”，让蛇口港、南沙港等周边港口应接不暇。广州港集团有限公司生产业务部集装箱运营中心副总监朱嘉明统计，5 月下旬以来，“跳港”的加班船有 38 艘次，加上南沙港每周原有的 80 多条外贸船挂靠，码头作业能力备受挑战。

为了缓解港口拥堵现象，盐田港、南沙港采取预约进港、无纸化通关等举措，最大限度缩减进出港时间。盐田国际 6 月 15 日发布公告称，其整体操作能力已恢复至正常时期约七成，但全面恢复仍须等到 6 月底。

商务部研究院全球供应链研究所副所长路红艳认为，随着盐田港等华南地区主要港口逐步恢复畅通，全球供应链供给能力紧张的局面将逐步缓解，“盐田港拥堵与苏伊士运河堵船都是短期事件，对全球供应链并没有产生破坏性影响”。

“爆仓”传导到制造端
弹性生产受考验

“在广州、深圳、东莞等地，从事仓储业务的公司几乎都‘爆仓’了。”黄传栋近期收到不少仓储业务咨询，其在东莞的仓储业务已经有 60% 到 100% 的增长。

“爆仓”的焦虑也传导至生产制造端。“港口拥堵导致出货期推迟，很多从事小家电出口的同行都库存高企。”佛山市联盛达科技有限公司副总经理王欣很无奈，眼下正是生产旺季，为降低库存只能牺牲部分产能。

随着货物积压加剧，企业面临更大的库存风险和资金周转压力。

“仓库面积增加了近5倍，还是面临‘爆仓’！”从事外贸近20年的EKO集团营销副总经理袁斌从未感受过如此大的压力。眼下正是生产出货高峰期，工厂马力全开都赶不上订单。“只能另外租仓库，仓储成本增加一两倍。”

航运费用也一直在飙升。受全球疫情影响，国外部分地区供应链尚未恢复，对中国货物需求很大，船公司出现国外返程空船、亏载的情况，导致集装箱短缺，航运价格上涨。不少业内人士担忧，盐田港的拥堵，或将再次推高运价。

6月中上旬，日本航运巨头ONE、法国航运巨头达飞相继宣布，对所有抵达盐田港的冷藏箱货物征收拥堵附加费。

袁斌说，往常出口美国的一个货柜大概需要3500美元，今年过年前涨到6800多美元，6月中旬就突破1.1万美元了。

王国文则认为，运费上涨确实对货物出口造成压力，但也要理性看待：“国际海运费占货物价值的比例是1%—2%，现在翻一番也就是3%—4%，对于高价值产品来说影响有限。”

然而，涨价的压力是全方位的。“今年以来原材料价格对比前值增长近30%，用工成本增加近15%，再加上汇率因素等，都给企业接单和生产带来巨大压力。”袁斌说。

重压之下，如何应对？“只能随行就市，对客户进行提价。”王欣说，他们还推动客户进行人民币结算，规避汇率风险。

“目前所有产品的价格都上涨了。”在袁斌看来，抵御风险主要靠供应链的整合和调整，“我们有很多供应商、上下游合作伙伴，要针对不同产品品类，制定不同的价格策略。”

从企业内部看，弹性生产能力面临考验。王欣说，要根据船期来调整生产，拿到可以装运的凭证后再来生产订单，“这就需要十分弹性的生产计划能力”。

路红艳建议，企业短期内要维持供应链运转，应积极采用航运替代方案，采用中欧班列、空运等形式，尽量保障货物运输畅通。中长期要合理调整库存，尽量避免物资中断时发生短缺，有实力的企业可以到中西部乃至“一带一路”沿线国家和地区投资，建设备份工厂，稳固供应链。

“走出去”不能停
加快建设全球营销网络

马士基早前发文警告：“持续的交通拥堵正成为一个全球问题。由于新冠疫情和自去年年底以来货运量的大幅增长，码头正成为全球的瓶颈。”

王国文预测，全球运力紧张至少持续到明年初，全球疫情发展态势是关键，“企业须有打持久战的思想准备、业务储备和成本测算，提升预警能力、抗打击能力和中断后迅速恢复的能力”。

“全球疫情下，部分地区产业链恢复慢，对我国小家电、健身器材等产品需求大，甚至部分订单回流中国。”袁斌说，目前公司在欧美主要目标市场的订单持续增加，东南亚等地的业务也有平稳增长。

数据也验证了这种判断。今年前五月，广东外贸总值为3.15万亿元人民币，比去年同期增长27.1%，连续5个月保持两位数增长。其中，出口1.91万亿元，增长30.1%。

经济合作与发展组织（OECD）高级贸易政策分析师塞巴斯蒂安·米鲁多撰文分析，疫情期间，全球价值链仍是有效供应关键产品的首选方式，当务之急是维持和扩大生产。只有通过国际生产网络，才能扩大生产规模，使更多人在尽可能短的时间内接种疫苗。

对此，王国文认为，疫情加速了部分行业由离岸转向近岸、在岸，但没有阻断全球经济的一体化进程。供应链的安全风险防范会成为更多企业的考量因素，但是中国制造在全球产业分工中仍扮演重要角色。

“从中长期看，全球经济将呈现四个趋势。”路红艳说，包括本土化或近岸化，供应链布局多元化，全球价值链相对收缩和供应链区域化，以及知识化、数字化、智能化。

事实上，智能化设备的应用，已成为不少企业应对成本压力的重要手段。

王欣举例说，对一款炸锅生产线进行工艺优化并应用智能化设备后，日产能可从 1200 台增加到 1800 台。

“广东外向型经济特征明显，更要主动迎接挑战。”路红艳建议，要推动产业向全球价值链高端攀升，深入推进外贸转型升级基地建设，同时深化贸易促进平台、国际营销服务网络建设，提升与“一带一路”沿线国家产业合作层次和水平，此外还要推动产业数字化改造，锻造产业链、供应链长板。

（《南方日报》2021 年 6 月 22 日 A11 版
昌道励　宾红霞　王　彪）

“缺芯”风暴下的广东制造

“我们专门成立了 40 人的芯片采购团队，全球范围找货。”广州极飞科技创始人兼 CEO 彭斌一直为芯片发愁。作为一家智能硬件企业，需要各种类型的芯片。“从今年初到现在，涨价超十倍仍买不到。”

始于 2020 年底的“缺芯”风暴持续至今，牵动全球产业链。背后原因，既有新冠肺炎疫情黑天鹅事件，也有不同企业对芯片供需形势的误判：多重因素叠加，供需失衡加剧。

纵观全球，芯片产业版图初步形成“美欧亚”三足鼎立的态势，制造逐步向亚洲转移。

对广东来说，要满足数字化进程的海量芯片需求，短期内全部靠自有产能并不现实。此次“缺芯”风波再次提醒：只有将关键核心技术掌握在自己手里才不慌。

2020 年，广东集成电路产业收入超过 1700 亿元，其中芯片设计营收 1484.6 亿元。芯片全球争夺战下，广东制造的发力点在哪里？业界和学界达成共识：做强设计优势，补齐制造短板，广东瞄准打造全国集成电路第三极。

一次全球告急的“芯慌”

—“芯”难求，全球缺货。

最先受到芯片影响的是汽车产业。去年 12 月，大众宣布调整在中国、北美和欧洲工厂的生产计划。今年 1 月，福特、日产、本田、丰田等车企纷纷宣布停产减产。第一季度，饱受“缺芯”困扰的汽车行业全球产能受到影响。

根据市场研究公司 IHS Markit（艾信华迈）的数据，第一季度全球汽车减产近 100 万辆，其中近 70% 是由芯片短缺导致。波士顿咨询则预计，汽车芯片短缺影响将持续到第三季度。

作为汽车制造和消费大省，广东汽车产业同样面临芯片短缺的问题。

广汽集团总经理冯兴亚接受记者采访时表示，今年上半年，智能网联、动力总成和新能源等领域受芯片短缺影响较大。“预计下半年供应情况将有所缓解，但根本解决还需要一段时间。仅从产能建设周期推算，预计要到 2022 年之后才恢复正常。”

目前，中国汽车产业高度依赖芯片进口。数据显示，中国汽车产销量约占全球 33%，但在全球近 500 亿美元的汽车芯片市场规模中，中国仅占 4.5%，车规级 MCU 芯片国产化率不足 5%。

芯片按功能主要分为存储芯片、处理器芯片和特定功能芯片等：存储芯片主要应用在电脑硬盘、手机存储等领域；处理器芯片是电脑、手机的“大脑”；特定功能芯片则包括通信芯片、电源管理芯片等品类。

疫情下，芯片供应受到冲击，加上对不同芯片市场的预判存在误差，供需平衡被打破。“缺芯”从汽车蔓延到电子信息再到整个制造业，牵动全球产业链。

第二季度，手机等消费电子产品的“缺芯”问题集中爆发。

今年 4 月，在华为公司第 18 届全球分析师大会上，华为轮值董事长徐直军谈到芯片时直言：美国对华为及其他公司的制裁造成了全球企业恐慌性备货。

不仅仅是华为，OPPO、小米等企业同样面临“缺芯”困境。

5月新品发布会上，小米集团合伙人卢伟冰表示，一部手机上面有114颗芯片，缺芯已波及全球手机市场。随后，OPPO方面也表态：任何一家手机厂商都不能完全避免。

“我们判断缺芯会影响一年甚至更长时间，第三季度会是最缺货的一个季度。”卢伟冰表示，一部5G手机所需要的芯片数量约为4G手机的两倍，射频芯片的需求是4G手机的四倍，而一辆智能汽车需要的芯片数量约1000颗。

业内普遍认为，目前四大类产品是芯片的需求大户：手机、高性能计算、电动汽车以及AIOT（人工智能物联网）。

根据美国半导体产业协会SIA发布的报告《在不确定的时代加强全球半导体供应链》，若未来没有全球产业链合作，将导致半导体价格总体上涨35%—65%，继而导致消费端电子设备成本上升。

多家研究机构预测，由于产能提升需要时间，“缺芯荒”可能延续到2022年。摩根大通分析预测，全球芯片需求比目前产能高出10%—30%，预计1年后才能平衡。

粤开证券研究院首席策略分析师陈梦洁认为，从库存周期看，短时间内无法有大量实质性产能供给；从创新周期看，目前正处于能源革命和计算革命两个大创新的交汇时期，电动车+无人驾驶将带来持续的需求，无人驾驶对半导体的需求更强劲。

一颗芯片背后的供需失衡

历史数据显示，芯片行业自有其发展周期，一般三年左右会出现一次短缺，但均能通过价格机制自我调节，数月可实现供需平衡。

一向供求大体平衡的芯片产业，为何会突然全球告急？在高通中国区董事长孟樸看来，此次芯片大规模告急，一方面缘于需求快速增长，另一方面则是企业对需求误判导致供给不足。

这一问题出现的关键原因，是始于2019年底的黑天鹅事件——新冠肺炎疫情。

从供给端来看，2020年初产能减缩已显端倪。由于生产工艺复杂、周期长且产品易氧化，芯片产业形成了“以销定产、低库存甚至零库存”的供给模式。去年初，受疫情影响，全球经济一度短暂“停摆”，由此芯片厂商对未来市场作出悲观预期，在第一、二季度缩小了产品库存和芯片订单。

不料，需求端却意外增长。受疫情影响，远程办公、线上教育等成为刚需，5G、人工智能、物联网等应用扩张加速。去年第三、四季度，手机、平板等终端电子产品销量大增，导致芯片需求量暴涨。而已缩减的芯片产能则很难在短期内恢复，供需矛盾凸显。

从全球芯片产业格局看，美国拥有英特尔、AMD、高通、德州仪器等巨头，覆盖全产业链；欧洲在工业电子等方面优势明显，位于荷兰的阿斯麦在光刻机市场占据垄断地位，占全球市场80%。

近年来，半导体行业越来越呈现寡头垄断的行业格局，“鸡蛋集中在少数几个篮子里”也加剧了芯片断供的风险。

与此同时，中美贸易摩擦，尤其是美国对华为的制裁打压不断升级，进一步引发全球企业恐慌性备货，不断抢占有限的芯片产能，供需矛盾进一步加剧。

汽车行业则更加复杂。受疫情影响，去年初，汽车销量严重下滑，车企纷纷调低包括芯片在内的零部件需求。随着下半年市场反弹，尤其是智能电动汽车的异军突起，芯片需求持续被推高。然而由于芯片存量产能已被消费类电子产品抢占，汽车行业“缺芯”显得更为紧迫。

需求拉动供给复苏，进入2021年，芯片产能形势有好转迹象。值此关键时期，日本7.3级大地震、美国得州暴风雪等全球多场自然灾害密集来袭，形势再度急转直下。3月19日，日本企业瑞萨电子发生火灾，导致部分产线停工，而该公司在全球车用单片机芯片市场占近三分之一份额。

从供给端来看，芯片产能全球新一轮扩张已经开启，包括台积电、三星等芯片大厂均已提出扩张产能计划。但由于投资大、周期长，短时间扩大芯片生产规模也并非易事。

万联证券分析师张瑞双认为，正常情况下，晶圆厂扩产周期在 12—24 个月。在去年疫情冲击下，全球各大晶圆厂都未能及时调整扩产节奏。“预期新一轮产能供给最早也要到 2021 年底，真正可观且有效的产能预计要在第 2022 年第二季度以后。”

一颗沙子催生的数字化浪潮

如此紧缺的芯片，原材料却几乎没有门槛——硅是地球储备量第二高的元素，其主要表现形式是生活中常见的沙子。

但 99.999% 以上的高纯度单晶硅，需要多个工艺环节的反复提纯才能达到。

在形成高纯度的单晶硅锭后，切割打磨为硅晶圆，再经过光刻、刻蚀、掺杂、薄膜沉积等上百道工序，才能在晶圆上制造芯片。以采用了 20 纳米工艺的苹果手机芯片为例，其不足指甲盖大小的空间里，包含了 20 亿个晶体管结构，内部犹如一座超级城市。

极易获得的原料，极高要求的纯度，极其复杂的制造，极其广泛的应用，这些特点集中在同一种产品。因此，芯片被称为“集人类超精细加工技术之大成”。

如此特殊的产品出身同样不凡——64 年前的秋天，大洋彼岸美国旧金山湾区，八位年轻人从“晶体管之父”威廉·肖克利的实验室大门走出，另立门户，号“仙童”。

威廉·肖克利是一位物理学天才，却没有意识到集成电路的巨大潜力，理念的不同让他与实验室的年轻人分道扬镳。

“仙童半导体公司开创了芯片产业，几乎影响了今天每个人的生活，同样的情景不会再有，这就是所谓‘时代的机遇’。”7 月初，在粤港澳大湾区唯一量产 12 英寸晶圆制造生产车间楼上的办公室里，粤芯半导体副总裁李海明说。

仙童半导体公司让芯片实现产业化，也催生了美国硅谷，催生了互联网经济，催生了至今未歇的数字化浪潮。

从时间上看，全球芯片产业格局几经演变，背后既有经济重心转移的大趋势，也有不同厂商模式的群雄逐鹿。

芯片厂商按照模式可分为两种：代工模式，即无晶圆厂商，主要负责芯片设计；IDM模式，集设计、制造和封测于一体，以英特尔为代表。

20世纪70年代，依托日本高歌猛进的经济发展，日本NEC从仙童半导体公司购买平面光刻生产工艺，索尼与德州仪器成立合资公司，加上政府大力支持，成为美国芯片产业的有力竞争者。

同一时期，中国台湾也从封装环节起步，开创了芯片设计与制造分离的代工模式。

从空间上看，如今全球芯片产业已经形成“美欧亚”三足鼎立的态势，芯片制造逐步向亚洲汇集：日本在CMOS图像传感器上积累深厚，还是全球半导体设备和半导体材料的主要供应商；韩国在半导体存储上强势逆袭；中国台湾的晶圆产品占据世界市场过半份额，率先实现7纳米和5纳米芯片量产；超过50家半导体公司在马来西亚设厂，包括AMD、恩智浦、英特尔等半导体巨头，马来西亚成为全球半导体封装测试的主要中心之一。

近年来，国内芯片产业也在快步追赶：中芯国际实现14纳米芯片量产，上海微电子在光刻机研发制造上取得可喜突破，长江存储在存储芯片领域逐步站稳脚跟……

然而，从芯片全产业链来看，国内短板仍旧明显：半导体材料和设备主要依靠进口，高端光刻机等关键设备受制于人；芯片设计发展较快，但设计工具严重依赖国外；除台湾外，芯片制造工艺距离世界先进水平仍存在代际差距。相比之下，更大优势体现在蓬勃市场带来的产业需求。

对此，广东省集成电路行业协会秘书长潘雪花认为，面对全球半导体集成电路产业链的挑战，广东应充分发挥强大市场牵引优势，差异化推动芯片产业高质量发展。

“芯片设计软件不是一朝一夕可以突破的，除了技术条件还需要创新环境生态的支持”，广东省科学院半导体研究所学科带头人、俄罗斯工程院外籍院士庄巍指出，广东芯片制造业的成长，使信息产业向产业链上游扩张。

一条契合广东的强“芯”之路

从芯片产业链看，广东优势在中游的设计、下游的广阔市场以及电子整机装配，最大短板在上游的设备、中游的芯片制造和封测。

2020 年，广东全省集成电路产业收入超过 1 700 亿元，其中，设计业营收 1 484.6 亿元，占全国 37%。

这样的产业结构，归根到底是广东融入全球化的自然结果：劳动、土地优势吸引了全球电子产品组装车间的汇聚，逐渐孕育出华为、中兴、TCL 等一大批自有品牌。但既有的产业分工格局和芯片制造的高投入、长周期，让进口芯片成为普遍的市场选择。

但如今，全球化分工的格局变了，数字化变革的领域变了，自主可控的产业链重要性不言而喻。

广东如何破局？做强设计长板，补齐制造短板，成为共识。

专注芯片设计的广州安凯微电子董事长胡胜发博士认为，广东的芯片设计企业数量多，但规模偏小，与国际高端水平还有差距，“广东应该充分利用终端需求市场规模优势，继续做大做强芯片设计”。

芯片晶体管电路尺寸越小，意味着单位面积可以容纳越多晶体管，也就可以实现更高效运算，一般认为 28 纳米及以上为成熟制程，28 纳米以下为先进制程，目前 5 纳米制程在全球少数工厂实现量产。

深圳奥比中光科技有限公司创始人、董事长兼 CEO 黄源浩认为：“一开始不用追求生产制造先进制程芯片，可先发展智能传感器所需的特殊工艺芯片。”目前，该公司自主研发了一系列深度引擎数字芯片。

看似“曲线救国”，实则正契合广东特色：工业级芯片，对尺寸要求相对较小，但拥有直接而海量的市场需求。

日前印发的《广东省制造业数字化转型实施方案（2021—2025）》强调，进一步实施“广东强芯”工程，推动自主可控工业级芯片应用。

在广东省 2021 年第二季度重大项目集中开工活动上，广州粤芯半导体二期、深南电路项目等 7 个项目开工建设，总投资 531 亿元。其中，粤芯半导体项目二期预计 2022 年第一季度投产，技术节点延伸至 90—55 纳米制程。

实际上，这一波全球“芯荒”，最缺的芯片正是 28 纳米以上成熟工艺的芯片。在家电、汽车等制造产业，自主研发芯片也已是大势所趋。美的、格力、格兰仕等广东家电龙头纷纷入局。

“广东可结合自身特点重点发展工业级芯片等，鼓励大企业自建芯片团队，结合需求自研芯片。”格兰仕集团董事长兼总裁梁昭贤如是说。

汽车行业也在大力推进芯片国产化。广汽集团总经理冯兴亚介绍，目前广汽部分电子控制器产品已形成初步国产化推进方案，智能网联部分系统等计划采用国产芯片。

走访调研中，不少企业说，芯片产业很热，最缺的是人才。

数据显示，目前中国集成电路人才缺口约 50 万，而国内开设这一专业的高校仍不普遍。

深圳佰维存储科技股份有限公司智能终端存储芯片业务负责人刘阳认为，集成电路产业人才培养周期较长，我国校企联动的人才培养体系还不够完善和深入。相比长三角地区，广东的高端专业人才和相关配套优势不明显。

庄巍建议，广东以数字化转型为契机，加大芯片制造和封装的产业规模，以广阔产业前景吸引更多半导体行业人才落户广东。

“芯片产业正在从 1 到 N，与生物医药、智能汽车、传统制造等领域相结合，这是属于我们的时代机遇。”李海明认为，粤港澳大湾区在终端应用上有非常好的优势，要根据新的需求去开发新应用，并在工厂里推动实现。

发展自主可控的芯片产业，并不意味着闭门造车。

在粤芯半导体的无尘生产车间里，生产无人车沿着空中轨道飞驰运转，来自光刻机生产厂家、芯片设计厂家和粤芯半导体的员工穿梭往来，这就是芯片产业全球化的真实写照。

一颗颗“广州芯”正从这里出发，激发广东制造高质量发展“芯”动能。

有一个信念更加笃定：只有掌握核心技术，才更有底气拥抱世界，才能掌握数字化变革的主动权。

（《南方日报》2021 年 7 月 15 日 A12 版
彭　琳　王　彪　吕道励　李凤祥　黎华联）

海报

“双循环　天地宽——中国入世二十周年全媒体报道”系列海报

双循环 天地宽
中国入世二十周年全媒体报道·外眼观
孟樸
高通公司中国区
董事长
深度融入中国产业链
推动5G赋能产业变革
扫码走读双循环

双循环 天地宽
中国入世二十周年全媒体报道·外眼观
张晓宇
友邦人寿CEO
保险业对外开放提速
抢抓中国市场新机遇
扫码走读双循环

双循环 天地宽
中国入世二十周年全媒体报道·外眼观
本间哲朗
松下集团代表董事
全球副总裁
将以中国为起点的
创新事业拓展到全球
扫码走读双循环

双循环 天地宽
中国入世二十周年全媒体报道·外眼观
方军涛
雀巢大中华区集团事务
及可持续发展副总裁
与上下游合作伙伴
共享中国市场
扫码走读双循环

双循环 天地宽
中国入世二十周年全媒体报道·外眼观
杜若政彦
永旺广东公司
董事总经理
将中国数字营销新模式
引进日本
扫码走读双循环

双循环 天地宽
中国入世二十周年全媒体报道·外眼观
甘露
世界海关组织协调制度
委员会原主席
海关总署税收征管局
（广州）副局长
为国际贸易规则创新
贡献更多中国智慧
扫码走读双循环

融媒作品

巴斯夫（广东）外宣报道
Guangdong, attractive market for petrochemical industry to thrive: Senior Vice President of New Verbund Site China, BASF

扫码查看

8分钟的专题片
《视频 | 广交会，如约而至》

扫码查看

互动H5
《开张！欢迎光临我的“宝藏展台”！》

扫码查看

（整理：唐亚冰）

融 动力

南方日报经济报道创新实践

第四章

融·支点

2018年，广东省委十二届四次全会部署了"1+1+9"重点任务。这是广东省委、省政府以习近平新时代中国特色社会主义思想为指导，贯彻落实习近平总书记对广东系列重要讲话和重要指示精神，集中全省智慧形成的推动新时代广东改革发展的具体行动方案和施工图，努力构建新发展格局战略支点。

作为省委机关报，南方日报做好经济报道必须紧紧围绕"1+1+9"工作部署，服务中心，做好文章。近年来，南方日报经济新闻部重点在加快建设现代化经济体系、深入实施创新驱动发展战略、构建"一核一带一区"区域发展新格局、全面实施乡村振兴战略、生态文明绿色发展、地方金融改革发展六个方面的报道实践上守正创新，进一步巩固和壮大主流舆论阵地。

一 围绕构建现代产业体系开展深调研

作为经济第一大省，广东能否率先构建起现代化经济体系，事关能否实现高质量发展。南方日报经济新闻部践行"四力"，深入企业车间工厂一线，观察全球产业分工格局下的广东经济发展，聚焦广东如何全面提升产业基础高级化和产业链现代化水平，推出多组深调研系列报道和策划专栏，重点讲好产业的"立""新""稳"。

一是讲好"立"的故事，提炼产业升级的"广东战法"。2020年10月，广东发布《关于培育发展战略性支柱产业集群和战略性新兴产业集群的意见》以及20个产业集群的行动计划。南方日报经济新闻部第一时间策划推出《16.5万亿！广东战略性产业集群培育路线图出炉》《从底牌到王牌，广东接下来要这样干》等网文，解读发展战略性产业集群对广东制造的重要意义。随后，南方日报经济新闻部与广东省工业和信息化厅联合启动"广东战略性产业集群深调研"活动，10个调研小组深入省内多个地市以及上海、杭州、苏州、济南等省外城市，走访特斯拉、复星集团等重点企业、行业协会与研究机构超150家，持续推出政策解读、专家访谈、调研报道、同题问答等全媒体新闻产品。深调

南方日报
特01
双循环 新动能
——广东战略性产业集群特别报道
战略产业 粤进全球

研持续时间超 6 个月，收官推出 12 个版特刊《双循环 新动能——广东战略性产业集群特别报道》，以扎实的一线调研、生动的产业故事、全面的观察视角充分彰显广东以培育建设战略性产业集群推动高质量发展的突出成效，提炼产业升级发展的“广东战法”。

摸底走访，推动政策加快落地。深调研报道围绕 20 个产业集群的行动计划，条分缕析，充分宣传，对每一个行动计划进行专业解读，对政策普及落地起到很好的宣传效果。在深调研启动之前，团队专门设计调查问卷，征集广大企业反馈，推进政策文件落地，为调研报道、报告提供扎实的数据支撑，一线走访加上定量分析，实现点面结合，客观全面呈现广东产业集群发展现状。最后，南方日报经济新闻部还形成了广东战略性产业集群调研报告，递交省委、省政府作为决策参考。

问题导向，凸显产业发展趋势。深调研突出问题导向，直抵广东及全国战略性产业集群的发展现场，通过鲜活典型的范例故事彰显广东战略性产业集群排浪式、螺旋式不断升级发展的景象，报道发布在“智库观察”“湾区建言”版块，为广东培育发展战略性产业集群建言献策。比如，《广东“工业母机”抱团突围》聚焦高端装备产业集群，分析广东机床企业如何抱团突围、如何艰难地升级。

A09 时局 视察
广东“工业母机”抱团突围
贴近市场谋创新，涌现出一批隐形冠军和领军企业

专题
2020“专精特新”新品发布会（冬季）上线
平台赋能 助力培育广东制造“领头雁”

全国调研，寻找他山之石。调研团队深入全国战略性产业发展高地，首篇《中国化工巨头加速全球布局图“破壁”》关注绿色石

化产业集群，记者前往石化重镇山东和浙江采访，剖析万华、荣盛等知名龙头企业如何在关键环节率先突破国际技术封锁、延长产业链条等探索，对广东发展绿色石化产业集群有极强的借鉴意义。报道《生物医药"新赛道"：大湾区与长三角竞合下半场》，建言广东争取在"人工智能＋生物医药"等前沿领域率先突破，对产业错位发展提出实用建议。

培育发展战略性产业集群，是广东构建现代化经济体系、推进高质量发展的重要抓手。"广东战略性产业集群深调研"系列报道，上接中央和全省重大战略部署，下连企业车间和实验室研发一线，从关乎产业发展的关键问题出发，为推动产业集群政策宣贯及落地实施发挥了重要的作用。

二是讲好"新"的故事，呈现广东非凡十年的新动能。2022年9月下旬，南方日报经济新闻部牵头推出了"广东向'新'力"全媒体系列报道，集中展现党的十八大以来，广东深入学习贯彻习近平新时代中国特色社会主义思想，以更大魄力、在更高起点上推进改革开放，新经济蓬勃发展的新气象。系列报道通过深调研、人物访谈、评论、短视频、创意海报等产品，全景呈现十年来广东新经济活力迸发，新动能积蓄成势推动高质量发展的历程。

创新为魂，深调研系列聚焦广东最有实力最具潜力的产业和领域。我们跳出常规，瞄准数字制造、人工智能、新能源汽车、物联网、绿色能源、生物医药等关键方面，浓墨重彩展现十年来广东经济向新向实的强大动力。报道团队分别走访华为、腾讯、美的、TCL、广汽、华强方特等近50家省内外最具代表性企业，对话从业者、业内专家，用翔实鲜活的一线实践充分揭示广东十大新经济领域蝶变背后的强大向"新"力，在《南方日报》接连推出10个整版报道。

内容丰富，充分彰显南方日报"政经纸""观点纸""深度纸"定位。其中，主稿用记者走访调研的鲜活产业故事串联该领域十年来的重大变迁，以发生在生产车间、实验室、研发中心等企业一线的生动案例，呈现新经济发展过程中的深刻变化。比如，在《数字浪潮向前，广东智造崛起》中，美的集团副总裁兼CIO张小懿回忆数字转型的艰辛，凸显广东数字制造十年巨变的张力；再如，在《“油电”切换提速，实现弯道超车》中写道，比亚迪这家从深圳走出国门的新能源车企一举超越了特斯拉成为全球销冠，反映广东新能源汽车产业弯道超车的速度。“对话同行者”版块则采访企业负责人、科研专家等亲历者的真切感受；“新经济时评”由南方日报评论员提炼论述该领域十年来的发展经验；“数读新经济”和“大事件”则让版面元素更丰富。在报道队伍上，南方日报经济新闻部联合多部门实现“跨界”调研、联动生产、报端协作的团队合作机制。

全媒布局，融媒报道唱响广东高质量发展强音。“一分钟穿越新经济”预告短视频用无人机穿梭拍摄的镜头，串联广东新经济应用场景，浓缩呈现十年来十大经济现象背后波澜壮阔的高质量发展历程；“对话同行者”系列短视频用“快问快答”呈现受访的十位新经济领域从业者长期深耕行业的真知灼见；十幅“古诗新解”创意海报则融合国风元素和现代科技感。各融媒产品全网流量超 500 万，被人民网、粤港澳大湾区门户网、澎湃新闻网、腾讯、网易以及粤学习 APP 等广泛转载。

三是讲好“稳”的故事，提振经济大省的发展信心。工业稳，则经济稳。2022 年，新冠疫情多点散发，广东多地受到影响。为深入贯彻习近平总书记“疫情要防住、经济要稳住、发展要安全”重要指示精神，聚焦稳工业，南方日报经济新闻部打出重要政策发布全媒体报道的“组合拳”。2022 年 9 月 5 日，省政府新闻办举行广东省稳工业“1+3”系列增量政策新闻发布会，集中出台四份重磅文件。南方日报经济新闻部与南方 $^{+}$ 联动推出快讯、滚动网稿、消息、通讯、评论、圆桌访谈等全媒产品。当天发布会，报道团队第一时间推出快讯，对《广东省进一步促进工业经济平稳增长若干措施》进行解读。随后，不断滚动发布会最新亮点。次日，《南方日报》刊发头版消息以及延伸解读报道，同时在南方 $^{+}$ 推出解读报道以及评论。第三天，在《南方日报》重要版面推出圆桌访谈，邀请相关部门权威解读系列政策如何用实、用好。系列报道得到广东省政府官方微信公众号、广东发布微信公众号等转载，受到政府相关部门、企业以及专家学者的肯定。

二 深入市场主体发掘创新驱动新趋势

全球疫情之下，广东逆势而上，深入实施创新驱动发展战略，聚力推进高水平科技自立自强，加快打造具有全球影响力的科技和产业创新高地。在此过程中，南方日报经济新闻部聚焦市场主体转型升级积极求变，从企业个案到产业群像，多角度全方位讲好广东创新驱动的新故事、好故事。

一是围绕数字制造探索制造业数字变革的广东路径。广东数字经济发展居全国前列，又是制造业大省。制造业，是广东实体经济与数字经济深度融合的主战场。近年来，广东陆续出台多项政策推动企业数字化转型。在此背景下，2021 年 9 月至 12 月，南方日报经济新闻部联合珠三角新闻部开展“粤数字·粤智造”深调研，走访广州、深圳、佛山、东莞等制造业数字化转型示范城市，采访美的、TCL、华为、腾讯等标杆企业以及佛山小家电、揭阳注塑、花都皮具箱包等产业集群，推出 4 篇深度报道、3 篇专家访谈以及 1 份调研报告，探寻数字化转型的广东路径。

系列报道聚焦数字化引领制造业质量变革、效率变革、动力变革，搭建关于创新驱动战略新的报道框架，主要有两个特点：首先，注重采访内容的典型性、代表性和借鉴性，深度报道围绕龙头企业、中小企业、双跨平台、政策支撑徐徐展开，覆盖了制造业数字变革的供给侧、需求侧、环境侧，四个维度展现广东制造“上云”新故事。比如，《看“大象”起舞！制造巨头的数字化》总结了制造龙头企业数十年来的数字化转型经验，具有广泛的代表性。其次，讲求叙事策略、宏观背景与微观故事相结合。系列报道以制造业转型浪潮为大背景，以不同视角的企业转型故事为主。以叙事推动普通读者对制造业数字化转型的认识，配以评论梳理未来发展趋势，构成建设性新闻框架，在舆论上对广东制造业数字化转型起到了积极的推动作用。

二是以企业、企业家小切口折射广东创新驱动的大变化。市场主体是创新驱动的绝对主角。因此，南方日报经济新闻部在报道设置上以企业、企业家为样本进行特稿写作，小切口反映广东近年来深入实施创新驱动战略的大变化。

A07 | 广东

广东制造业数字化转型深调研

看“大象”起舞！制造巨头的数字化

请48小时内再测一次核酸

“北向通”“南向通”均破千万!

2022 年年初，中小企业稳就业保就业成为关注焦点。南方日报经济新闻部推出特稿《广东厂长》，走访佛山、东莞、汕头的制造企业工厂一线，采访跟拍玩具、咖啡机、工业机器人三个领域的广东厂长，呈现他们在疫情下迎难而上的拼搏故事。报道选取广东厂长这个制造业最小单元作为切口，折射“广东制造”向“广东智造”的转变，也体现广东民营经济的强劲韧性。

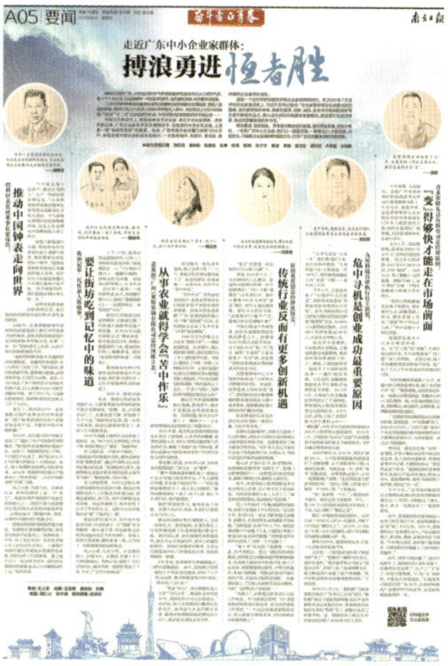
A05 要闻

走近广东中小企业家群体：

搏浪勇进恒者胜

推动中国钟表走向世界

要让街坊吃到记忆中的味道

从事农业就得学会“苦中作乐”

传统行业反而有更多创新机遇

在 2022 年第三季度稳经济、增信心的关键节点，南方日报经济新闻部推出《走近广东中小企业家群体：搏浪勇进恒者胜》，其中既有 95 后的“企二代”，又有 73 岁的老企业家前辈，通过对 6 组中小企业家的白描、特写，呈现广东超 1500 万市场主体“海阔凭鱼跃”的澎湃活力；推出《投身制造业一线的大学毕业生》，选取家电、汽车以及生物医药企业的新晋大学生员工作为样本，反映广东制造业数字化智能化的发展态势。

三 设置话题服务构建区域发展新格局

城乡区域发展不平衡是广东高质量发展的短板。如何破解这一短板，成为广东发展的重要课题。南方日报经济新闻部在重要部署、重要节点、重要话题三个方面齐发力，在“一核一带一区”区域发展新格局宣传报道上确保“准”与“实”、突出“点”与“面”、探索“专”与“新”。

一是重要部署深入解读，确保“准”与“实”。近年来，紧跟省委、省政府构建“一核一带一区”区域发展格局的重要部署，南方日报经济新闻部以权威准确为基础，结合大量一线采访做实解读，当好重大政策部署的“翻译者”。

2021 年 3 月，广东省委、省政府发文分别支持珠海、汕头和湛江，强力推动三市加快实现高质量发展。文件公开当天，南方日报在全网首发一图读懂和文件全文，抢占重大新闻事件的“第一节点”，体现党媒的权威性。推出的“省委、省政府出台新政支持珠海汕头湛江发展”组合报道注重报道的层次性和节奏，报纸端以“头版消息 + 次日深度报道”的方式重点呈现，南方$^+$在第一时间发布三张“一图读懂”。从传播效果看，通过报网端的融合传播，引发新闻报道的多次传播热点，形成持续性讨论空间，为三市贯彻落实省委、省政府文件精神，营造良好的舆论环境。

此外，《国家城乡融合发展试验区广东广清接合片区实施方案》以及广东省委、省政府支持佛山、东莞加快高质量发展，支持韶关建设国家老工业城市和资源型城市产业转型升级示范区等相关重要文件发布时，南方日报经济新闻部均通过报端融合的形式推出相应的组合报道，准确把握文件思路，深入解剖部署举措，助力这些重大部署更好地推进落地。特别是在具体采编过程中与南方日报相应分社的深度联动，将经济新闻部准确把握大政方针和相关分社熟悉本地发展的优势结合，形成较好的传播效果。

二是重大报道浓墨重彩，突出“点”与“面”。2019 年以来，南方日报经济新闻部紧扣中华人民共和国成立 70 周年、中国共产党成立 100 周年、党的二十大等重大节点，以及全国两会、省两会、党代会等重大会议，全面系统梳理推进区域协调发展的广东经验，展示广东构建“一核一带一区”区域发展格局的成效。

2020 年 10 月推出的“奋进‘十三五’ 共圆小康梦——‘十三五’发展广东一线走读”系列报道中，《协调谋发展，聚力谱新篇》从中国命题、广东实践、一线走访等维度展现广东不断加大政策、资金、项目等方面的工作力度，推动“一核一带一区”区域发展格局渐次成形的喜人局面。

南方日报 特01
牢记嘱托 感恩奋进
广东这五年
省第十三次党代会特别报道
感恩奋进担使命
笃行不怠启新程

在庆祝中国共产党成立 100 周年前后推出的特刊报道，在省第十三次党代会前后推出的“牢记嘱托　感恩奋进——广东这五年”省第十三次党代会特别报道，党的二十大前后推出的“铭记山高水长的关怀厚爱——非凡十年·广东答卷”特别报道等大型报道中，都将区域协调发展作为广东推动高质量发展的重要内容，以整版乃至跨版的形式予以浓墨重彩的充分展现。

上述报道中，既注重从单个城市乃至企业发展经验的“点”上着眼，更注重从全省乃至全国的“面”上观察，特别是聚焦省委、省政府在建立区域战略统筹机制等体制机制改革上的重大部署，展现了广东以功能区战略定位为引领，加快构建形成由珠三角地区、沿海经济带、北部生态发展区构成的“一核一带一区”区域发展格局的生动场景。

三是重要话题智媒发力，探索“专”与“新”。广东区域协调发展面临的种种挑战，既有长期的历史遗留因素，也有在百年变局的宏阔背景下的新情况。为此，必须在思想内容上的“专”和表现形式上的“新”上下功夫。

A07 时局 | 观察
南方日报
开放大门，自九洲港而启
珠海劈山建港，面向世界抢占发展制高点

上海交通大学特聘教授、中国发展研究院执行院长陆铭：
撬动市场的力量 加速区域协调发展

南方日报经济新闻部在智媒转型过程中，将探讨破解广东区域发展不协调、不平衡作为长期跟进的重要课题，并在南方 +《经济粤评》栏目发布超 20 篇相关报道，专门开设《新区势》栏目，侧重从区域协调发展的重大节点入手，展现广东着力破解区域协调发展不平衡的新思路、新举措和新成效。

同时，南方日报经济新闻部发挥在智媒转型上的积累，通过丰富多样的报道形式助力广东区域协调发展。2020 年 9 月推出"一核一带一区"大家谈系列报道，专访上海交通大学特聘教授陆铭等专家学者为广东支招；2022 年 7 月，《"十四五"新型城镇化实施方案》发布后，当天下午便邀约多位专家组织召开内部研讨活动，探讨全国和广东跨区域人口流动等热点话题，并将部分研讨内容发布在南方$^{+}$，这是对重大政策解读这一类新闻内容生产和呈现形式的新尝试。

四 紧贴"三农"齐奏乡村振兴大合唱

习近平总书记多次强调，要把乡村振兴战略作为新时代"三农"工作总抓手。加快推进乡村全面振兴，主流媒体不能缺位。南方日报经济新闻部围绕统和深、融和精、合和强做好文章，全力讲好广东的脱贫攻坚和乡村振兴故事，为广东省巩固拓展脱贫攻坚成果，推进乡村全面振兴提供有力的舆论支持和智力支撑，为唱响乡村全面振兴"大合唱"贡献了党媒的力量。

一是报道深里走，做好"新"与"深"的有机统一。"三农"的宣传工作具有特殊性，一定要紧贴基层一线，只有"脚上沾满泥"，才能饱含深情、沉淀真情。为此，南方日报经济新闻部紧跟党中央和省委、省政府的重大部署，在脱贫攻坚和乡村振兴报道中积极践行"四力"，一批批记者深入脱贫攻坚和田间地头第一线蹲点采访，全力以赴讲好广东"三农"故事。

在决战决胜脱贫攻坚的 2020 年，全国扶贫日前夕，南方日报与广西日报、四川日报、贵州日报、云南日报共同发起"山海协作　共奔小康"联合调研采访活动，70 余名记者深入东西部扶贫协作第一线，记录跨越山海、携手攻坚的战贫图景，探寻消除贫困的中国密码。在 2020 年 11 月 17 日国家扶贫日当天，南方日报集结一线调研成果，推出《山海协作　共奔小康——广东省东西部扶贫协作的一线报告》，向奋战在脱贫攻坚路上的人们致敬。全方位、多角度为广东脱贫攻坚工作鼓与呼，全力讲好广东脱贫攻坚好故事。

南方日报经济新闻部还围绕当下乡村振兴领域的重大话题，推出深度报道，结合相应的政策，把话题做深做透，让效果出新出彩。如在习近平总书记对制止餐饮浪费行为作出重要指示之时，推出了《种粮大户眼中的“粒粒皆辛苦”》；在全省农村承包地流转工作现场推进会召开前，推出了《一个潮汕村庄的土地流转探索》；在全省乡村振兴示范带建设工作电视电话会议召开前，推出了《乡村振兴示范带的汕尾探索》等。

南方日报
今年粮食能够实现稳产保供
省委常委会召开会议
认真传达学习贯彻习近平总书记在中央政治局会议上的重要讲话精神
李希主持会议
决战决胜 脱贫攻坚
看病上学不用愁 村里有了保障基金
内蒙古贫困旗县全部“摘帽”

A10 深读 南方特稿
乡村振兴示范带的汕尾探索
以点带面、串珠成链建设乡村振兴综合体
重点项目加速落地 企业诉求立即响应
高明集体商标增幅位居佛山第一

在乡村振兴的宣传中，南方日报经济新闻部还注重深入挖掘人的故事，尤其是参与到乡村振兴中的新生力量的故事，“广东新农人”系列策划就是其中之一。系列报道以人物专访、微纪录片、公益海报等形式挖掘省内一些“玩”农业的人，通过持续报道他们的故事，聚集榜样的力量，迸发前进的能量，让越来越多的“新农人”参与到乡村振兴中来，激发“到农村去，广阔天地大有可为”的创业热情，讲明在广东农业逐渐成为有奔头的产业，“新农人”逐渐成为有吸引力的职业。

二是产品智库化，做好“知”与“行”的有机统一。乡村振兴是一项长期而艰巨的工作，迫切需要专业智库支撑。中央明确提出，要建立乡村振兴专家决策咨询制度，组织智库加强理论研究。为此，南方日报紧扣集团智慧转型的步伐，与广东省农业农村厅共同成立了广东乡村振兴智库，目的就是为广东省实现巩固脱贫攻坚成果同乡村振兴有效衔接、全面推进乡村振兴、加快推进农业农村现代化提供智力支持、人才支撑、媒介支持。

成立以来，广东乡村振兴智库构建了智库媒介矩阵：在《南方日报》开设《智库视点》专栏，在南方⁺开设“广东乡村振兴智库”南方号。推出有影响力的智库产品，先后推出“乡村振兴大家谈”“乡村振兴深调研·打好种业翻身仗”“乡村振兴深调研·探寻粤韵乡愁”“驻镇帮扶记·半年观察”“护春耕　稳生产”“大食物观看广东”“唤醒沉睡的耕地”等多个智库深调研和全媒体系列报道。

提交有质量的智库报告，如驻镇帮镇扶村工作启动半年时，向省乡村振兴局提供“驻镇帮镇扶村调研报告”，与江门开平市开展项目合作，提供专题调研报告，总结提炼乡村振兴经验，助力智库深度下沉发展，打通服务“三农”的“最后一公里”。尤其是，广东乡村振兴智库充分用好南方日报独特的内参渠道，提交了系列有价值的内参专报，为科学决策提供参考。

组织有影响的推介活动，如“振兴的力量——2021广东乡村振兴优秀案例推介”活动，重点挖掘一批乡村振兴优秀案例，宣传推广社会力量参与、推动乡村振兴的好做法、好经验，成为相关垂直领域较有传播力、影响力的品牌活动。

可以说，广东乡村振兴智库这一研究平台得到充分运用，积极促成了媒体、政界与学界合作，取得了良好的社会效益和经济效益，也大力推进了实施乡村振兴战略的理论创新和实践探索。

五 创新融媒手段讲好生态文明新实践

生态兴则文明兴。十八大以来，党中央将生态文明建设作为统筹推进“五位一体”总体布局和协调推进“四个全面”战略布局的重要内容。南方日报经济新闻部坚持将生态文明建设与经济发展相融、传播渠道与新媒体相融，呈现

“绿水青山就是金山银山”的广东实践。

一是“管中窥豹”，分阶段构建污染治理报道框架。生态文明建设首先要解决“如何重现绿水青山”的问题。南方日报经济新闻部以水污染治理的小切口，实现管中窥豹，再根据污染防治攻坚战的进展改变报道框架。

第一阶段强调找问题，倒逼治理。治理伊始，各地陆续推进，但有不少地市治理进度严重滞后。比如治理之初揭阳榕江北河进度非常慢，在《揭阳榕江北河何日濯清？》一稿中，记者实地走访，以揭露问题为主，发现基层管网建设资金严重不足、当地房屋密集施工困难等问题。这一阶段的报道，主要构建“发现问题—调查原因—寻找对策”的新闻框架，进而倒逼当地加快治水。

第二阶段强调找经验，加速治理。在治水过程中，各条河流遇到诸多治理难题，因此需要挖掘先进治理经验，为各地治理提供借鉴。在《广佛跨界河鸦岗断面水质如何实现跨越式改善？》一稿中，重点呈现从末端截污向源头治理的思路转变、建立排水单元制度推进小区雨污分流、网格化治理体系做群众思想工作。这一阶段的报道，主要构建“经验 1—经验 2—经验 3”的新闻框架，让各地获取更多可行性经验用于本地治理，起到鼓舞先进、动员学习作用。

第三阶段，尤其在 2020 年，污染防治攻坚战即将结束。因此，强调从宏观视角报道广东治水成就。比如在《从供水河到污水河再到清水河，东莞石马河何以蝶变？》《水鸟、龙舟、大项目都回来，广东污染最重的两条河变了》等稿中，均先阐述河流恶化的历史缘故，随后阐述当地如何部署行动，最终水质消除了劣Ⅴ类。这一阶段的报道，主要构建“污染背景—各方行动—取得成效”的新闻框架，呈现一条河流较完整的治理过程。

根据劣Ⅴ类国考断面的治理进展，通过新闻框架的过程性转变，有目的地逐步呈现污染防治攻坚战的进展，这样完整的进程，让政府和公众感知从开始治水到取得成效的全过程。

二是与时俱进，持续探索“双碳发展”新话题。进入“十四五”时期，生态文明领域又出现新变革。“碳达峰、碳中和”成为引领各领域变革的顶层决策。南方日报经济新闻部通过梳理政策框架、专访权威专家、走访典型企业，构建

南方日报

前11月广东外贸同比增长17.4%

规模达7.47万亿元,已超去年全年

省委常委会召开会议

认真学习贯彻习近平总书记在全国宗教工作会议上的重要讲话精神

李希主持会议

香港完善选举制度后首次立法会选举投票顺利举行

有志之士可在新立法会发挥才智共创香港未来

粤湘跨省大通道广连高速即将通车

用心用情办好每个信访案件 千方百计为群众排忧解难

我省提出率先构建绿色低碳循环发展经济体系

探索实现"双碳"目标"广东路径"

受房产所在地限购政策约束的竞买人不允许竞拍法拍房

我省将推广"林长+检察长"等机制

起对低碳发展的认知框架。

落实中央战略部署，结合实际体现广东担当。2021 年 12 月 17 日，广东印发了《关于加快建立健全绿色低碳循环发展经济体系的实施意见》，推出了"双碳"背景下的首个具体举措。调研团队提前谋划，历时半年走访院士专家、世界 500 强企业、工厂和大项目一线，第一时间开设《绿动广东》专题栏目，推出 4 篇"双碳"深调研报道，四问"双碳"，分别扣住经济大省如何探索碳达峰的"广东路径"、传统能源逐步退出与新能源替代如何接续、坚持"节约优先"如何管好碳排放"阀门"、金融支撑如何落到实处等具有时代意义的关键问题，深入探讨广东实现"双碳"目标所面临的优势和短板、机遇与挑战。

调研小组分批前往西部新能源大省"取经"。团队深入一线走访能源、工业、交通、建筑、农业等相关领域的专业人士，调研领域遍及各地各行各业。通过系列报道引导舆论正确认识和把握"双碳"目标，凝聚共识。在《绿动广东》专题栏目持续更新动态报道，比如："双碳"目标会不会影响经济发展？缺电跟"双碳"有关系吗？怎样安全稳定地提高可再生能源比例？……围绕当下关于"双碳"的热点话题，报道大胆探讨，深入追问，有助于厘清大众对"双碳"的认知谬误，起到引导大众认识"双碳"背后科学性的作用，引发广泛关注，省发改委、省能源局、南方能源监管局等相关部门以及湛江等地市主要负责人为报道点赞。

三是融媒创新，让生态文明更易感知。绿水青山就是金山银山。南方日报经济新闻部用融媒体的形式，生动展现生态文明建设成就，让群众更加可感。

万里碧道是广东构建生态产品的典型代表之一。2021 年 12 月，恰逢广东全面推行河湖长制 5 周年，南方日报经济新闻部推出"河长制 5 周年"系列报

道，沿西江溯流而上，走访江门、肇庆、云浮等地，用文字、图片、视频等多方位融媒手段，领略西江秀美的碧道风光，全景展现5年来广东河湖治理之变。比如，在《穿越西江秀美风光，感受河湖治理之变 | 河长制5周年 Vlog》中，通过记者出镜，配合实景解说、人物采访、航拍视频等融合展现，一幅幅生动的碧道建设绝美画卷向读者徐徐展开。

在这一阶段的报道中，微纪录片也成为融合报道利器。2021年，报道团队推出“万物生长皆有灵”系列微纪录片；2022年，针对南岭国家公园建设情况又推出了系列微纪录片《探秘南岭》。

与传统新闻报道追求“时效”“首发”不同，系列微纪录片聚焦的题材其实不“新”，许多拍摄的内容是受访者重复数年甚至数十年的工作。南岭，虽然广东几乎人人皆知，但其大面积的原始森林却甚少有人探寻，工作人员复杂艰苦、充满故事性的保护工作亦待发掘。因此，记者将“概念”化为“画面”，首次以影片方式系统呈现南岭国家公园建设的各方面，受到广泛关注。

六 聚焦地方改革唱响金融发展主旋律

当前，世界正面临百年未有之大变局，全球金融治理和产业链布局出现重大变革，国际国内经济金融运行不确定性因素增多。广东金融改革发展面临重大机遇，也面临更大的风险挑战。一方面，构建以国内大循环为主体、国内国际双循环互相促进的新发展格局，为金融发展提供新的空间，也对金融高质量发展提出更高要求。同时，随着粤港澳大湾区建设、深圳中国特色社会主义先行示范区建设两大国家战略加快推进，“一核一带一区”区域发展格局加快形成，广东正携手港澳建设粤港澳大湾区国际金融枢纽，大力发展跨境金融，服务产业链、供应链、创新链，积极参与全球经济金融竞争合作。另一方面，广东金融仍然大而不强，缺乏具有国际影响力的金融市场平台和大型龙头金融企业，金融资源集聚配置能力有待加强；金融发展面临体制机制障碍，粤东粤西粤北与珠三角地区的金融资源配置不均衡程度大于经济发展差距程度，金融开放还没有达到国际一流水平。

在此背景下，要做好地方金融改革报道，不能局限于照搬政策，不能"走马观花"地呈现成果。近年来，南方日报经济新闻部以更积极的姿态为地方金融发展亮点鼓与呼，也通过一系列深调研为地方金融改革献言献策，大篇幅、大制作、多侧面聚焦地方金融改革发展，让财经报道成为党报新闻的焦点、亮点和兴奋点。

南方日报经济新闻部围绕省委、省政府部署的金融改革，推出了包括农信改制化险、农险高质量发展、湾区金融等多个聚焦地方金融改革的全媒体项目，通过深调研、主题特刊、短视频等全媒体方式全方位、深度剖析广东重要金融改革，引发了广泛的关注。

一是紧扣中央、省委、省政府重要精神，突出展现金融改革的"广东成果"。2020 年 12 月 21 日以来，南方日报以"攻坚克难勇担当　改制化险谱新篇"为主题，推出《广东农信改制化险攻坚战》栏目，持续发表一系列新闻报道和新媒体产品，全面展现广东农合机构改制化险成果，向全国宣传农合机构改革的"广东模式"。该系列深调研，紧紧围绕习近平总书记关于三大攻坚战的重要论述，围绕广东省的改革实践，深入浅出讲好广东农合机构改制化险故事，全方位展现 64 家农信社完成组建农商行化解风险艰巨任务的"广东速度"。

二是深入基层践行"四力"，在大量一手事实的基础上，为地方金融改革提供决策参考。以广东农信改制化险攻坚战深调研为例，南方日报经济新闻部

6 名记者历时 145 天，调研 34 家广东农商行，采访 226 位一线人员及金融专家，用脚走访，用眼观察，用心思考，用笔还原。如《农信社全面改制组建农商行！广东如何啃下这块“硬骨头”？》以“从‘不可能完成的任务’到‘一号工程’”为切入口，深入走访了 18 个县市，用扎实的采访、丰富的素材、鲜活的表现手法，充分体现广东农信改制化险攻坚的实践和经验。《注资、注智、注制　定向帮扶如何破除农信社风险“周期律”？》则以一场深入汕头市澄海区的调研开头，将 13 位采访对象的故事串联起来，深入浅出地为读者解剖广东农信改制的模式创新。又如农险高质量发展深调研，南方日报经济新闻部及音视频部 14 名记者，历时 25 天，奔赴广东 12 个地市，以座谈交流、专家研讨、单个专访、走访等方式，透过稿件，养殖户因农险保障放开手脚扩大养殖规模、种植户因为特色农险产品推动农业生产集约化、科技应用让农险从不可能到能、防灾减损让农户有了获得感等一大批农险支农、惠农故事跃然纸上。

三是线上线下联动提升传播力，全媒体讲述广东金融改革故事。上述多个项目，报道团队通过全媒体方式让专业财经报道出圈。如农险高质量发展深调研就以海报、视频等方式，推出一系列新媒体作品。其中，包括 6 期《船说广东·探险家》短视频:《鲍宝宝，有了它安心在惠来过夏天》《柚柚柚！梅州柚子甜的原因找到了》《鱼鱼鱼，上班“摸鱼”的快乐是它给的》《花花花！种花卖花这钱需要花》等。该系列短视频通过生动活泼的沉浸式采访和体验，讲解农业保险对农民生产的保障作用，让广东农险高质量发展成果看得着、感受得到。同时，系列深调研在专业报道基础上，提炼出“保驾护航”“百花齐放”“未雨绸缪”“日新月异”“相得益彰”5 个关键词，配以精美的海报，引爆朋友圈，掀起了对农险的关注热潮，提升了公众对农业保险的认识。

（主笔：彭　琳　陈　颖）

案例

广东地区生产总值突破 10 万亿元

南方日報

庆中缅建交70周年

习近平同阮富仲互致贺电

习近平同昂山素季会谈

习近平结束对缅甸国事访问回到国内

习近平会见缅甸国防军总司令敏昂莱

百年变局中的中国信心与担当

本报全文刊登省政府工作报告

省委常委会召开会议

传达学习贯彻习近平总书记重要讲话精神 听取省人大常委会省政府省政协省法院省检察院党组工作汇报

李希主持会议

粤通报5起违反八项规定问题

京港澳等3条高速公路严重拥堵

我省第四次全国经济普查完成

广东GDP突破10万亿元

同比增6.2%，连续31年居全国首位

广州水上花市开埠了

广东经济总量突破 10 万亿元大关！广东省统计局 2020 年 1 月 18 日提供的数据显示：根据国家统计局统一核算，2019 年，广东全年实现地区生产总值 107 671.07 亿元，比上年增长 6.2%。经济总量连续 31 年居全国首位。

粤港澳大湾区与深圳先行示范区建设扎实推进、粤芯 12 英寸晶圆项目建成投产、投资总额超 100 亿美元的湛江巴斯夫项目开工建设……2019 年，广东坚持稳中求进工作总基调，深入贯彻新发展理念，推动经济持续健康发展。

大经济，大产业。2019 年广东地区生产总值折合为 1.56 万亿美元，背后离不开具有国际竞争力的万亿级产业集群的强力支撑。2019 年广东电子信息、石化、家电制造等三个行业的产值分别为 4.31 万亿、1.51 万亿和 1.49 万亿元。

随着体量上升，广东经济总量跃上新台阶的步伐加快。2011—2015 年，广东地区生产总值从 5 万亿元迈上 7 万亿元，平均每两年增加 1 万亿元。此后，每一年多便增加 1 万亿元。步入中高速增长区间后，“10 万亿经济体”释放的能量将更为强大。

总量跃升的背后，是广东经济华丽蝶变的轨迹。在高质量发展的指引下，广东经济结构不断优化、新旧动能加速转换、质量效益日益提升。

——2019 年广东三次产业结构为 4.0 ∶ 40.5 ∶ 55.5，服务业比重比上年提高 0.7 个百分点，产业协同性增强。

——2019 年广东新经济增加值比上年增长 8%，占地区生产总值比重达 25.3%，新动能加速替换旧动能。

——2019 年 1—11 月，广东规模以上工业实现利润总额 7953.11 亿元，比上年增长 4.5%，企业效益明显改善。

改革开放以来，广东经济由小到大、由弱到强，得益于培育和壮大了众多根植于本土的市场主体。2019 年，广东各类市场主体（企业和个体户） 1253 万户，占比超全国 1/10，其中新登记市场主体 221 万户。市场主体中逾九成为民营企业，民营企业为广东贡献了超过一半的经济总量。

透过总量看，广东人均生产总值仍不到 10 万元。根据世界银行标准，广东处于中等偏上收入国家或地区行列。“中等收入陷阱”尚未完全跨越，发展不平衡不协调的问题仍待解决，发展的压力和潜力均较大。

“地区生产总值过 10 万亿元是阶段性成就，也是新的起点。”全国政协经济委员会副主任刘世锦表示，期待广东牢牢抓住粤港澳大湾区建设和支持深圳建设中国特色社会主义先行示范区等重大机遇，着力发挥“创造 + 制造”优势，争当新时期高质量发展典范。

（《南方日报》2020 年 1 月 19 日 A01 版
黄应来　王　彪）

“九龙”齐通　气贯长虹　粤高速公路总里程率先“破万”

2020 年 12 月 28 日清晨，河源市紫金县九和镇金光村的老张一家，早早起床就往自家的柚子园赶，他们要抓紧完成采摘，“抢个头彩”体验新开通的紫惠高速。当日，广东 9 条高速公路同步通车，在全国省区市中率先实现高速公路通车总里程突破 1 万公里。

“九龙”齐通，气贯长虹，为广东“十三五”收官做出鲜明注脚，刻下历史的

南方日报

习近平向波黑主席团轮值主席多迪克致慰问电

29

习近平同俄罗斯总统普京通电话

119种新药进医保目录

省委常委会召开会议

进一步深化粤港合作
全力支持香港保持长期繁荣稳定
为服务"一国两制"大局作出广东努力广东贡献

李希主持会议

粤将举行新高考适应性测试

纪念广东省关工委成立20周年暨
全省关心下一代工作表彰大会在广州召开

"九纵"齐通 "七横"长虹

粤高速公路总里程率先"破万"

穗普高学业水平考试要考体育等

准确把握人大工作在坚持"三者有机统一"中的职责定位

入冬最强寒潮将影响至元旦假期

嫦娥五号搭载的水稻种子发芽了

难忘印记。

改革开放之初，"借款修路、收费还贷"政策在广东破冰，直接推动广东首条、国内第二条高速公路——广佛高速在1989年实现通车。"路通财通"，广东在全面建成小康社会路上跑出新速度："十三五"期间，广东新增高速公路通车里程超3000公里，平均每天新增约2公里，稳坐通车总里程全国省区市头把交椅。

今年以来，面对疫情防控和经济社会发展的双重考验，广东力保交通投资，率先复工复产。"2月下旬，紫惠高速在做好防疫的同时全面复工，一周多时间返岗人员达2000多人。"紫惠高速总经理郑建浩说。

两手都要硬，"两难"变"两全"：预计到今年年底，全省高速公路年度完成投资超1200亿元，为"六保""六稳"作出重大贡献。

如今，推动粤港澳大湾区发展的"闭环路网"正在形成，将沿海区域"串珠成链"的滨海旅游公路全面启建，粤东粤西粤北地区高速公路通车里程高达5550公里……协调均衡、面向未来的现代化路网在广东逐渐成形。

"通车后，我们融入了粤港澳大湾区'一小时生活圈'，柚子的出路更多，销路也会更广。"金光村党支部书记、村委会主任李碧瑶"摩拳擦掌"，准备将村里红肉蜜柚种植规模扩大至500亩以上。

国家发改委区域发展战略研究中心区域战略一室负责人、副研究员张燕表示："万公里高速公路与十万亿经济总量相互促进，推动广东高质量发展行稳致远，为广东在新征程中走在全国前列、创造新的辉煌打开更广阔空间。"

（《南方日报》2020年12月29日A01版
袁佩如　李　赫　王　彪）

广东战略性产业集群深调研报道

汕头纺织印染业如何破茧升级？

扫码查看

换挡提速：智联新能源汽车开启加速度

扫码查看

第三方医学检验的“广东军团”

扫码查看

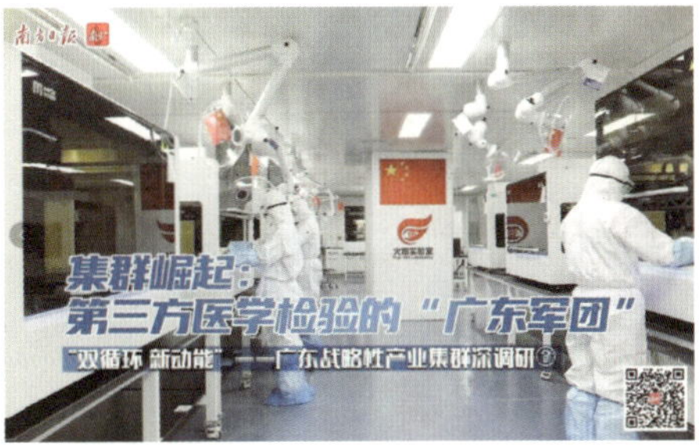

广东离“中国电竞之都”有多远？

扫码查看

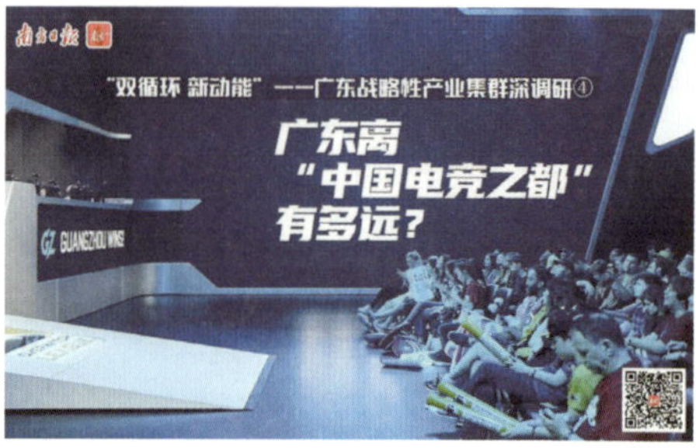

这个产业不起眼，却是防风抗洪的中坚力量

扫码查看

这种绿色新能源，将为广东释放多大能量？

扫码查看

广东“工业母机”突围记

机床被誉为“工业母机”，是制造机器的机器。没有强大的机床产业，就没有强大的制造业。新中国成立后，曾布局国有机床企业“十八罗汉”，创造出无数国产机床行业第一，但这些企业却无一落户广东。

相对薄弱的家底，并未阻碍广东机床工业的崛起。以制造业立省的工业大省广东，如何在机床领域成功突围？

走进广州市敏嘉制造技术有限公司（下称“敏嘉制造”）生产车间，一条给格力公司定制的压缩机曲轴加工全自动生产线正在调试中。这也是国内第一条全自动压缩机曲轴生产线，投产后整条产线仅需两三名工人，预计每天产能可达7000件。

压缩机是空调的“心脏”，20年前基本依赖于进口，而今以格力、美的为龙头的国产压缩机，已占有全球绝大部分市场份额。作为目前国内唯一可提供压缩机零件粗精成套设备的企业，敏嘉制造的快速崛起正得益于此。在总经理赵虎看来，这是家电产业与数控机床“基于市场自发的产业链相互成就”。

从一定程度上来说，这也是广东机床工业能够异军突起的“密码”。“一是响应速度快，市场需要什么就迅速研发和生产；二是坚持创新引领，不仅能够解决市场需求，同时提升技术创新水平，进一步拓展市场空间。”广东工业大学副校长、教授王成勇总结广东数控机床产业的两大特点。

南方日报记者走访发现，虽然与国际巨头仍有差距，但广东高端数控机床产业坚持以质量为生命，正走出一条贴近市场谋创新的突围之路，在数控系统、电主轴、导轨等关键核心部件以及机床整机方面，正涌现出一批隐形冠军和领军企业。

故事一
自主创新，与国外巨头同场 PK 不落下风

广东数控机床产业起步晚，缺乏核心技术积累。从全球来看，长期落后于发

达国家，关键核心技术“卡脖子”问题仍然突出；从国内来看，受计划经济时期国内产业布局影响，产业基础较为薄弱。

在此背景下，广东发展数控机床产业，技术从哪里来？

在产业起步期，企业重在谋生存，多从学习模仿国外设备入手，客观上需要引进国外技术。但是发展进入一定阶段后，核心技术却买不来，长此以往，只能跟在国外巨头背后亦步亦趋，被锁死在低端机床领域。

于是，一批广东数控机床企业凭借自主创新站了起来，广州数控设备有限公司（下称“广州数控”）便是其中的代表之一。广州数控成立于 1991 年，被誉为中国南方数控产业基地，截至目前已有 110 万台（套）数控系统落地。

自成立之初，自主创新便写入了广州数控的企业基因，早在 1999 年就成功研发 GSK 交流伺服驱动，不仅填补了国内空白，还迫使国外同类产品降价 50%，企业近 10 年来研发投入占销售收入比重均超过 14%。

在近 30 年的发展历程中，通过自主创新抢占市场的案例，在广州数控有很多。令广州数控副总工程师朱孔锋印象最为深刻的一幕，则是与西门子在航空发动机叶片加工高端数控机床领域的正面 PK。

数年前，国内一家著名燃气轮机航空发动机叶片生产厂家需要采购 6 台五轴联动高端数控机床，此前清一色的都是进口产品。然而一些特殊原因导致原计划采购的日本产品被对方企业拒绝，只剩下唯一的生产厂家——德国西门子，不料却遭遇坐地起价，采购一时陷入困局。

“关键时刻，该厂家找到广州数控。我们积极响应，组建了一支近 30 人的科研团队，立下军令状一定干出来。”朱孔锋忆起当日情景仍难掩兴奋，经过持续一年艰苦攻坚，广州数控按时交付了 2 台产品。其余 4 台，该企业采购了西门子的产品。

狭路相逢，创新者胜。“在价格不足西门子同类产品 1/3 的情况下，我们的产品在加工精度、加工效率、可靠性等关键指标上，与对方没有差别。”朱孔锋说。

同场竞技更能看出长短，经此一役，广州数控一举打开了航空发动机叶片加工高端数控机床市场。

故事二

产业共振，“小兄弟”支撑美的、格力跨入世界500强

对于发展数控机床产业而言，缺乏早期技术积累和专业科研院所支撑，广东的优势在哪里？企业如何才能借势突围？

答案便是珠三角巨大的应用市场优势，包括电子信息、汽车、家电等一批万亿产业集群，在过去30年间，都成了广东培育高端数控机床工业的沃土，以敏嘉制造、广州数控、昊志机电、凯特精机等为代表的一批细分领域隐形冠军，在此间呼啸而起。

在业界看来，赵虎掌舵的敏嘉制造是一家很特别的机床企业，规模不大但很有个性，通过贴近市场持续创新，为用户提供定制化、个性化的产品和服务，来塑造自己的核心竞争优势。而这也折射出广东高端数控机床产业发展路径。

虽已入行35年，但只要一谈起机床市场和产品创新，赵虎仍然激情满怀。“在空调压缩机国产化进程中，敏嘉制造迅速抢抓市场机遇，从2002年开始迎来‘黄金十年’，产值基本每年翻一番。”赵虎说。

在他看来，以美的、格力为代表的中国空调压缩机行业所用的制造装备，基本上是“广东装备”在主导，行业龙头企业的“自主可控”与行业装备“自主可控”就像左右腿走路，缺一不可。

美的、格力实现空调压缩机国产化的进程，背后是以广东装备制造企业、零部件配套企业等组成的整个产业链在作支撑。“换句话说，就是美的、格力带着这些小兄弟一起做到了世界500强，其实质则是市场自发的产业链相互成就。”

与一些省份以国有企业为主不同，广东数控机床领域基本都是民营企业，对市场的敏感度已成为攻城拔寨的制胜法宝。

“贴近市场便是贴近用户需求，而需求催生新技术，很多数控机床领域的新产品、新技术，珠三角都是试验田，广东企业先做，然后一步步再传导到外省。”昊志机电市场总监孟治国说。

电主轴是高端数控机床的核心部件，作为全球电主轴行业龙头企业，昊志机电在电主轴市场占有率方面全球第三、国内第一，凭借其性能与价格优势超越欧

美同类企业，实现了国产替代。

对市场的敏感度也反映在专业展会上。9月初，2020ITES深圳工业展举行，受海外疫情影响，一些国外装备制造企业产品进不来，形成一定空档期。“市场机遇凸显，国内企业借此实现了部分环节的国产替代，其中广东民营装备制造企业表现突出，它们求生欲望和科技能力最强，响应速度也最快。”ITES深圳工业展创始人姚纪广说。

故事三

抱团突围，是时候针对产业链关键技术“组团打怪”了

不久前，广东省高档数控机床及关键功能部件创新中心（下称“创新中心”）落户南沙，这是数控机床领域第一个省级制造业创新中心，由广州数控、敏嘉制造、凯特精机、佳盟子机床等10家行业龙头企业作为发起单位，联合广东工业大学、华南理工大学等高等院校共同组建。

“在此之前，广东数控机床行业尚无具有行业影响力的科研支撑平台，创新基本都是依靠企业自主研发。”广州数控技术总部办公室副主任李鸿基表示，对于一些需要行业协同攻坚的共性难题，往往显得有心无力，同时也会造成创新资源的低效利用和重复浪费。

在王成勇看来，广东机床企业数量很多，但质量有待提高，企业各自打拼市场，缺乏以高端产品为核心目标的协同研发，这也制约着广东高端数据机床产业向更高水平发展。“成立创新中心的初衷，就是集中大家的‘智’来做共同的事，聚焦共性技术、关键核心技术整合资源进行攻坚，为整个机床行业发展带来核心技术突破，也为创新中心各企业发展提供支撑。”

因此，创新中心的成立，被机床行业寄予厚望，这也是广东围绕产业链部署创新链、围绕创新链布局产业链，推动产业集群协同发展的生动实践。

接下来，创新中心将以“公司＋联盟”的模式运营，面向数控机床及关键功能部件、关键零部件等领域，开展关键技术协同攻关、技术发展趋势等信息服务和产学研合作，持续提高数控机床质量与关键核心技术水平。

国际竞争表明，没有强大的机床产业，就没有强大的制造业。纵观全球，美日德等制造强国，均有较强的机床产业技术实力和相关龙头企业，从而为战略产业提供支撑。

广东坚持制造业立省，近期出台的《广东省培育高端装备制造战略性新兴产业集群行动计划（2021—2025年）》（下称《行动计划》）将高端数控机床列为广东高端装备制造产业集群重点培育的六大工程之首，明确面向汽车、电子信息、航空、家电、新能源等领域，重点推动机床整机及关键零部件研发及产业化，打造全国高端数控机床重要基地。

“作为‘工业母机’的机床工具不可替代，不管你搞什么新技术，都需要高端数控机床产业做支撑，因此广东要从制造业高质量发展的维度来看待机床产业，从而营造科学稳定的政策环境支持。”王成勇表示。

记者观察

抢抓机遇，打破应用场景壁垒

深调研团队走访发现，有个场景令人印象深刻。

“市场上一部分企业坚持传统思想，总是认为国外机床好，即使买国产机床，也要在招标文件中约定，关键部件必须采用进口的。好产品是用出来的，没有应用场景，又如何升级迭代？如何针对性提升？”广州数控副总工程师朱孔锋感喟道。

这似乎是一个死循环：由于之前国产数控机床在高端领域实力薄弱，企业优先选用国外产品；由于缺乏应用场景，国产机床迈向中高端之路越发艰难。

在广东出台的《行动计划》中也明确指出：“国产高端装备首试首用难度大，高端装备研制单位、用户单位协同创新力度不够。”

对此，多位广东机床企业负责人呼吁，应加大对自主创新高端数控机床产品的采购支持引导力度，打通创新产品迈向市场应用的“最后一公里”。

早前，省工业和信息化厅也发布了《广东省首台（套）重大技术装备推广应用指导目录（2019年版）》，数控机床产品明确在列，以加快推进首台（套）重大技术装备推广应用。

政策引导是一方面，更为重要的是企业自身要抢抓机遇，打破应用场景壁垒。

当前受疫情影响，部分国外机床企业在生产和物流方面存在障碍，国内市场出现空档期。在此背景下，国内机床行业企业应迅速补位，争取实现部分高端领域和产品的国产化替代；与此同时，基于企业自主创新与产业链协同创新之合力，聚焦关键核心技术进行攻坚突破，进而为国产机床迈向高端市场提供更为充足的底气。

（《南方日报》2020 年 11 月 25 日 A09 版
李凤祥　张子俊）

扫码查看

大湾区建国际科创中心，离不开这一大国重器

扫码查看

抢占前沿新材料赛道！广东向世界发起冲击

扫码查看

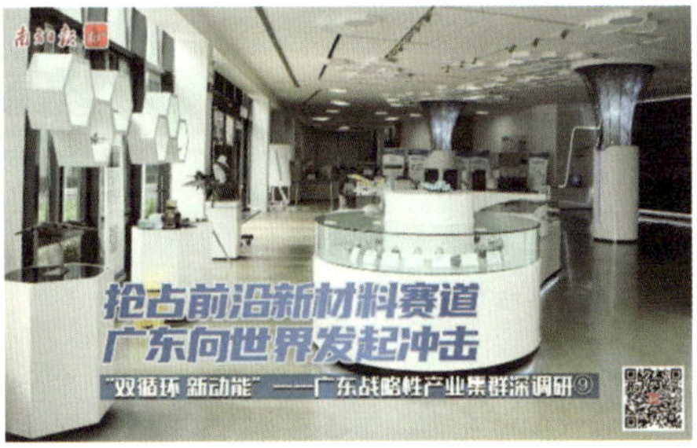

背靠大市场，广东工业机器人产业如何做大做强？

扫码查看

广东向"新"力深调研报道

数字浪潮向前，广东智造崛起

党的十八大以来，广东全省上下在习近平新时代中国特色社会主义思想指引下，牢记嘱托，感恩奋进，改革开放不断深化，传统产业加快转型升级，新经济活力迸发，经济大省笃行不怠走好高质量发展之路。南方日报、南方+推出广东向"新"力全媒体报道，聚焦十年来广东新经济现象迸发的新动能，展现波澜壮阔的经济高质量发展历程。

"每年做预算大家都会问我，数字化的投入产出比是多少？这把我难倒了。"美的集团副总裁兼 CIO 张小懿谈起这些年公司转型的不易。

广东佛山，距离美的总部大厦 10 公里，占地面积 2.2 万平方米的美的微波炉顺德工厂磁控管分厂，数排生产线上的机械臂自动作业。亲历数字化改造的部装车间主管纪幻彪深有体会："如今，工厂的自动化率达 92%。以前一条产线需要 20 个人，现在只需要 3 个人。"

十年时间，数字变革不仅让美的跻身世界 500 强、培育出 4 家世界灯塔工厂，更深刻改变着广东这个制造大省的制造逻辑——从生产设备自动化到管理流程数字化，再到供应链的智能化，龙头企业"大象起舞"率先数字化转型，中小企业紧跟大潮"上云上平台"，政府与市场合力助推广东智造蝶变。从小浪花到大浪潮，数字制造的十年蝶变，汇聚起高质量发展的强大"向新力"。

大象起舞
从"信息孤岛"到全面数智化

"美的现在是一个完全数字化的公司。"美的集团董事长兼总裁方洪波这样定义美的。

一般在市场经济环境下，企业以盈利为目的，会尽可能压缩成本、提高收益。但企业数字化转型过程却“背道而驰”——前期投入巨大，收益无法预估和量化。

“这不是简单的水电成本的下降或人员效率的提升，而是业务所有环节的彻底改变。”张小懿这样形容数字化的潜移默化效果。

数字转型的量化，在全球榜单中有最直观的体现：不久前，2022 年《财富》世界 500 强名单公布，美的集团居第 245 位，对比 2016 年首次上榜上升 229 位。今年上半年，集团营收超 1800 亿元。

时间拨回到十年前，这可能是当时所有美的人不敢想象的成绩。

2012 年，电商异军突起，传统家电企业的产销模式无法跟上瞬息万变的市场环境，“巨头”纷纷开启了“砸钱”数字化探索之路。

当时，美的业务系统不统一、数据不连接、“信息孤岛”问题严重……数字化转型迫在眉睫，难度堪比“敲骨断髓”。

不少美的老员工犹记得当年无数个加班的夜晚都献给了内部代号为“632”的项目。所谓“632”，就是 6 个运营系统、3 个管理平台、2 个技术平台，所有事业部都要采用同样的系统和平台。作为美的打响数字化改造的“第一枪”，该项目历时 3 年把集团内部所有数据全部打通，为数字化改造奠定基础。

“以前光是物料就有七八十种，现在仅需三种不同规格的箱子就能涵盖所有。”纪幻彪见证了数字化给生产一线带来的真切改变。

“一口气突破了、顶住了，可能就是一片新天地。”方洪波这样形容数字化给美的带来的变化。截至目前，美的集团数字化投入已超过 120 亿元，与 2011 年数字化转型前对比，企业营收提升 156%，净利润提升 333%。

这也给了家电巨头对外输出经验的底气。2016 年，广东美云智数科技有限公司成立，截至目前已为超过 40 个细分行业的超 21 万家工业企业提供数字化转型服务。

不仅是美的，在广东，越来越多的制造业巨头在数字化浪潮中勇立潮头，带动更多的“浪花”卷起大潮。

位于深圳光明区的智能生产线上，模型训练工程师梁林萍正在将数据“喂”

给算法模型。这个智能算法模型，源自格创东智为TCL华星光电打造的人工智能缺陷检测系统。"80%以上工作实现了系统判断，AI识别速度提升10倍。"她说。

今年5月，格创东智和美云智数双双入选国家级"跨行业跨领域工业互联网平台"，而格创东智更是成为唯一源自半导体制造的国家级双跨平台。

格创东智科技有限公司CEO何军介绍，在成立4年时间里，格创东智对内赋能TCL多个产业，由数字技术的应用为TCL华星光电产生的有形效益就达2.3亿元。

"背靠TCL、美的强大的制造基础，旗下的数字化服务咨询公司有长期的实践经验。"广东省社科院经济研究所副所长万陆认为，未来广东制造业军团中可能会诞生像IBM这样的一流服务咨询公司。

从"信息孤岛"到全价值链打通，龙头企业相继在十年完成内部数字革新后，对外输出数字化解决方案，带动广东制造向全球产业链价值链中高端攀升。

集群"上云"
从单打独斗到"拧成一股绳"

一石激起千层浪。由龙头企业领跑的数字化转型，带来强大的示范效应。

广州市花都区狮岭镇被誉为"中国皮具之都"，半径5公里内汇聚了8800家各类皮具箱包厂商，年产值达300亿元，每年向全球客户提供总数超7亿只箱包。

"企业多而不强，至今无一家企业营业额超过5亿元。"这是广州市花都区狮岭镇委书记谢英俊常年来的困扰。箱包皮具生产过程所需原辅料种类超过120万种、工序有100多道，而一款新箱包流行周期多数不超过3个月。传统的生产和管理方式已然无法应对大规模、多批次、小批量的复杂要求。

一些企业的触角更早地感知到这层无形的天花板，作出了探索：以数字化转型为突破口。

一场别开生面的PK在隆卓皮具的厂房里展开。对决的双方分别是从事皮具箱包生产几十年的老师傅与数字化机器。

“老板，我要和机器比试一下！”2014 年，隆卓刚刚进行数字化转型探索，当时遭到了不少老员工的强烈反对。为了解除老师傅们的疑虑，公司负责人黄海锋组织了这场特殊的比赛。结果出炉，机器大获全胜——10 位老师傅同时工作的产量远低于单台机器。

SaaS（网络提供软件服务）公司盖特软件从 2014 年起，便开始为狮岭镇皮具企业提供数字化服务。在负责人蔡征兵看来，中小企业的数字化转型是一场马拉松。“企业哪怕先尝试一个小的应用，吃到了数字化的甜头，它就愿意一步步地转型下去。”

利尚皮具负责人汪菁便是“吃到甜头”的人之一。2016 年，为了方便员工数字化管理，汪菁找到蔡征兵引入了 ERP（企业资源计划）系统。管理效率大幅度提升后，他又引入了仓储系统、物流系统，最后干脆加入了产业链协同制造平台。

如今，数字制造把整个狮岭皮具的生产链上下游中小企业拧成了“一股绳”。

“以前找不到配件，我们在狮岭镇的五金厂挨家挨户去找。”现在，利尚皮具负责人汪菁在手机上拉出一个小程序，填上自己的需求，几分钟后，就有供应商联系他，原料与汪菁的需求完全匹配。

截至目前，花都狮岭皮具箱包的工业互联网平台推动首批 200 家中小企业“上云上平台”，协同效率提升 40%，成本降低 10%。

这样的变革不止发生在狮岭镇。在揭阳中德金属生态城园区中央工厂内，注塑生产机器全自动运转；在佛山北滘镇小家电企业，设备实现了基于互联网信息的实时更新；在东莞松山湖电子信息产业园区，智能生产线搭载了华为工业互联网平台的制造执行系统……

十年来，广东在全国创新性开展产业集群数字化转型工程，聚焦新一代电子信息、高端装备制造、现代轻工纺织、智能家电等战略性产业集群的 21 个细分行业，助力制造企业数字化转型。

中流击水，奋楫者进。对于中小企业而言，数字制造并不仅仅意味着降本增效，更是“跑出未来”的助推器。

数字重构
从跟跑到领跑，抢占工业软件自研新赛道

2020年，新冠肺炎疫情突如其来，内外多重压力叠加，广东制造业数字化转型走到了分岔路口。

“拥有自主可控的生产链供应链，是企业应对外部不确定性不稳定性的关键。”今年7月，在广东制造业数字化转型现场会上，张小懿直言要抢占工业软件自主研发新赛道。

其实早在2016年，美的在数字化实践中就感受到了国产工业软件的必要性。

彼时，美的数字化改造从原来的大规模生产转向以销定产，柔性生产成为主流。智能生产线产量从1万台骤减至几十台，原来的规模化的国外工业软件完全不能适用柔性生产。

“公司团队去美国调研好几次，最后我们下定决心自主研发，花了4年时间重写了整套工业软件。”在张小懿看来，中国制造业规模体量最大、门类齐全，自主研发的工业软件比国外的适用范围更广、迭代更快。

“更重要的是，工业软件关系到中国产业链的核心竞争力和系统性安全，非做不可。”他说。

对深耕泛半导体行业数字化转型的格创东智来说，研发工业软件的需求更加迫切。泛半导体行业被誉为制造业的皇冠明珠，一方面拥有海量数据，另一方面对自动化智能化要求极高，必须要走国产工业软件的道路。

“数字化转型走到了今天，中国需要培育出自己工业软件的巨头。”格创东智CEO何军建议，广东在培育本土工业软件巨头方面的政策应该有的放矢，助力实现从跟跑到领跑。

一个共识愈发清晰：数字化转型是一项推动产业链重构的系统性工程，关键

一环在于顶层设计。

早在 2018 年 3 月，广东在全国率先出台《广东省深化“互联网 + 先进制造业”发展工业互联网实施方案及配套政策措施》。

“双跨”平台企业树根互联就是被当年的政策吸引而来。“广东政府在推动制造业数字化方面起步早、力度大、范围广，这是我们选择落户广州的最重要原因。”树根互联联合创始人、CEO 贺东东说。

近年来，广东大力推进数字化转型，支持广州、深圳、佛山、东莞打造制造业数字化转型示范城市。四个“领头羊”陆续出台相关政策，其他地市制定配套措施形成政策“组合拳”，构建广东制造“数字森林”。

全省数字化转型带动的优势逐步显现：截至目前，广东累计推动 2.25 万家规模以上工业企业数字化转型，带动超过 65 万家中小企业“上云用云”，广东工业互联网产业增加值规模、带动就业人数均居全国第一。

“通过省市区联动形成政策合力，广东走差异化的制造业数字化转型路径。”省工业和信息化厅厅长涂高坤如是说。

新型数字基础设施的建设，进一步夯实广东数字制造的底座。截至目前，广东 5G 基站已超 17 万座，数量全国第一；5G 基站数、光纤用户数、智能终端等均居全国前列。

今年 5 月，全国一体化算力网络粤港澳大湾区国家枢纽节点韶关数据中心集群正式揭牌。作为全国“东数西算”工程布局中八大算力枢纽之一，未来韶关数据中心集群承接广州、深圳等地实时性算力需求，构建辐射华南乃至全国的实时性算力中心。

算力为先，数连万物。

十年间，南粤大地掀起一波又一波的数字化浪潮。水大鱼大，企业也完成了从工业 1.0 到工业 4.0 的蝶变。第四次工业革命正呼啸而来，数字经济浪潮势不可挡滚滚向前，广东智造正加速崛起。

南方观察

打造制造业数字化转型“广东样本”

制造业是国民经济命脉所系，是立国之本、强国之基，也是推进数字经济与实体经济深度融合发展的主战场。

广东是制造业大省，拥有门类较为齐全、配套相对完善的现代产业体系，同时也面临大而不强问题，多数产业处于全球制造业价值链中低端。党的十八大以来，广东积极拥抱数字产业化、产业数字化浪潮，聚焦战略性支柱产业集群和战略性新兴产业集群，以深化新一代信息技术与制造业融合发展为主线，以工业互联网创新应用为着力点，深入推进制造业数字化转型和高质量发展，带动制造业核心竞争力稳步提升，不断向全球价值链中高端攀升。

十年来，广东坚持制造业立省不动摇，在推进数字化转型方面大胆探索、积极作为——在全国率先出台支持制造业数字化转型的政策措施，支持广州、深圳、佛山、东莞等地打造制造业数字化转型示范城市，支持中小型制造企业“上云上平台”数字化转型；在全国首创建设制造业数字化转型产业生态供给资源池，引进培育543家优秀数字化服务商；深入推进“广东强芯”工程、核心软件攻关工程、显示制造装备璀璨行动计划，加快打造中国集成电路第三极，不断提升产业链供应链自主可控能力。

十年来，一批综合实力领先的制造业龙头企业率先开展数字化转型探索，同步建设工业互联网平台，电子信息制造业、原材料工业、装备制造业、消费品工业等重点行业在数字化支撑下呈现出蓬勃发展态势。截至目前，全省累计推动2.25万家规模以上工业企业数字化转型，带动65万家中小企业“上云用云”降本提质增效；累计培育300多个标杆示范项目，其中100多个项目入选各类国家级标杆示范，数量及示范效应均居全国前列；华为、树根互联、富士康、腾讯、美的、华润6家企业入选2022年国家级跨行业跨领域工业互联网平台，数量全国第一。

广东制造业数字化转型动手早、见效快，已整体实现从传统模式向数字化、网络化、智能化转变，在实践中打造了制造业数字化转型的“广东样本”。据有关机构测算，广东的数字经济增加值规模、数字产业化规模、工业互联网产业增加值规模、带动就业人数均居全国第一。

同时也要清醒认识到，数字制造、智能制造任重道远，特别是对标全球最高最好最优，广东制造业仍有不小差距，而且不同产业、不同企业之间的数字化转型也有差距。因此，需要百尺竿头，更进一步，坚定不移推动制造业数字化转型，推动广东制造加速迈向全球产业链价值链中高端。

十年奋进路，阔步新征程。未来的高端制造业，数字化服务占比将进一步提升。站在新的历史起点，继续深入推进制造业数字化转型，深入实施制造业高质量发展“六大工程”，以数字化引领制造业质量变革、效率变革、动力变革，广东制造强省建设定能交出更为精彩的答卷！

（《南方日报》2022 年 9 月 19 日 A03 版
彭　琳　许宁宁　宾红霞　丁建庭　高　维）

扫码查看

从跟跑到领跑，智能化引擎强劲

扫码查看

文创梦工厂，国潮闯世界

扫码查看

擦亮农业"芯"，端稳"金饭碗"

扫码查看

开放融合创新，寻医药新赛道

扫码查看

万物智联崛起，产业跃迁加速

扫码查看

抢抓“双碳”新机遇，无限“风光”向未来

扫码查看

"油电"切换提速，实现弯道超车

扫码查看

一"码"当先惠民生，以"数"为笔绘新篇章

扫码查看

金融活水浇灌，实业枝繁叶茂

扫码查看

“双碳”四问深调研报道

经济大省如何探索碳达峰的“广东路径”？｜“双碳”四问之一

中央经济工作会议将“正确认识和把握碳达峰碳中和”列为新发展阶段我国面临的新的重大理论和实践问题之一，指出“实现碳达峰碳中和是推动高质量发展的内在要求，要坚定不移推进，但不可能毕其功于一役”，并作出明确要求和科学部署。

广东省政府提出，到2035年碳排放达峰后稳中有降，率先建成绿色低碳循环发展经济体系。作为全国经济大省，广东要如何走好“双碳”引领高质量发展之路？南方日报记者走访一线，问计“双碳”目标进程中的“广东方案”，探讨广东实现“双碳”目标所面临的优势和短板、机遇与挑战，推出本组“绿动广东”深调研报道。

12月17日，广东省人民政府印发了《关于加快建立健全绿色低碳循环发展经济体系的实施意见》（下称《意见》），提出到2035年，碳排放达峰后稳中有降，率先建成绿色低碳循环发展经济体系。

这是广东在碳达峰碳中和背景下出台的首个关于加快建立健全绿色低碳循环发展经济体系具体举措的文件，对于在新发展阶段推进绿色低碳循环发展、促进经济社会发展全面绿色转型、确保走出实现碳达峰碳中和目标的“广东路径”具有十分重要的意义。

在此之前，我国发布了《中共中央　国务院关于完整准确全面贯彻新发展理念　做好碳达峰碳中和工作的意见》和《2030年前碳达峰行动方案》，将陆续形成碳达峰碳中和“1+N”政策体系，明确时间表、路线图、施工图。

屡屡被提起的碳达峰碳中和到底意义何在？这份试卷，广东又要如何作答？

阻遏地球升温 "双碳"目标体现大国担当

今年11月，国家主席习近平向《联合国气候变化框架公约》第二十六次缔约方大会世界领导人峰会发表书面致辞时指出，当前，气候变化不利影响日益显现，全球行动紧迫性持续上升。如何应对气候变化、推动世界经济复苏，是我们面临的时代课题。中方期待各方强化行动，携手应对气候变化挑战，合力保护人类共同的地球家园。

18世纪瓦特改良蒸汽机，推动了工业革命的全面爆发。此后的200多年间，人类尽享工业化带来的经济繁荣。但与此同时，随着煤炭、石化能源的大量消耗和人类活动的日益频繁，碳排放大量增长带来的温室效应，让地球的气候和生态系统变得日益脆弱：全球变暖、海平面上升、极端天气频现。

地球的宜居属性正在被改变，这促使各国坐到一张会议桌上。

"没有反对？!"2015年12月12日，巴黎气候变化大会主席、法国外交部前部长法比尤斯敲下绿色小槌，近200个缔约方达成《巴黎协定》，承诺将全球升温幅度控制在2℃以内。但联合国政府间气候变化专门委员会（IPCC）在今年8月发布的《气候变化2021：自然科学基础》显示，《巴黎协定》作出的承诺不足以将全球升温幅度控制在2℃以内。

作为负责任的大国，中国向世界宣布力争2030年前实现碳达峰、2060年前实现碳中和，并发布了碳达峰碳中和两个阶段的顶层设计方案。"'双碳'目标是我国基于推动构建人类命运共同体的责任担当和实现可持续发展的内在要求而作出的重大战略决策，展示了我国为应对全球气候变化作出的新努力和新贡献。"国务院发展研究中心资源与环境政策研究所所长、研究员高世楫表示。

然而，现有能源结构等因素决定我国实现"双碳"目标的路道阻且长，中国工程院院士杜祥琬直言："产业偏重、能源偏煤、效率偏低，我们对高碳发展路径的依赖还比较大。"

为此，中国正在加快构建绿色低碳循环发展的经济体系，持续推动产业结构调整，坚决遏制高耗能、高排放项目盲目发展，加快推进能源绿色低碳转型，大力发展可再生能源。

社会经济“低碳”转型 挑战与机遇并存

碳排放广泛存在于能源、工业、交通和社会经济生活的方方面面。要实现“双碳”目标，意味着发展模式要向低能耗、低排放、低污染转型。这对正在转型发展的中国来说，任务格外艰巨。

今年3月，全球能源互联网发展合作组织发布的报告显示，2030年前，预计中国能源需求年均增长2%，加上高耗能产业占比较高、高碳能源资产累积规模总量大等因素，“既要控排放，又要稳增长，给碳达峰带来巨大挑战”。

“我们已经建立起规模庞大的全球性产业，用于化石燃料的钻探、开采、加工和运输，并通过运用不断开发的创新成果维持它的低价。它的价格并没有反映出其所造成的危害。”美国企业家比尔·盖茨在《气候经济与人类未来》一书中说。要改变这一切，需要的不只是大量的经济成本，更是对全球产业体系的全面重塑。

从另一面看，这也意味着这场转型中蕴藏了巨大的投资机遇和以新能源为代表的新一轮技术变革的历史机遇。

“碳达峰碳中和意味着进入了一个新阶段，和经济发展不冲突，低碳不仅能够发展，而且是新型的发展，将带来的不仅是一场能源革命，更是新一轮的产业变革，要从新发展理念的角度来理解。”杜祥琬表示。

如今的世界，海上风电、光伏、氢能、储能、新能源汽车等任何一个新能源领域的技术突破，都将创造新增长点和新需求。“新一轮的产业变革、科技革命正在成为新的时代驱动力。”普华永道亚太及中国主席赵柏基表示。

《两次全球大危机的比较研究》一语道破:“只有率先实现结构调整和技术跨越的国家和企业，才会在新一轮技术长周期中赢得发展先机和主动。”当前，新能源已成为全球政治经济的“角力场”，平安银行绿色金融事业部总裁朱育强认为，在全球新能源竞争中“领跑”的经济体将傲然立于世界民族之林。

“‘双碳’目标的设定及推进，给企业尤其是高耗能企业带来很大的压力，但其实也提供了更广阔的发展前景。”霍尼韦尔特性材料和技术集团副总裁兼亚太区总经理刘茂树说。

广东省发改委有关负责人表示，我省要积极探索符合广东实际的碳达峰碳中和实现路径，构建清洁低碳安全高效的能源体系，加强绿色低碳核心技术攻关，高质量编制我省碳达峰实施方案，推动经济社会发展建立在资源高效利用和绿色低碳发展的基础之上。

走出具有广东优势的绿色发展之路

能源与技术的革新，为走上复兴之路的中国创造了"弯道超车"的最佳机遇。中国风电、太阳能发电装机量迎爆发式增长——国家能源局日前发布的数据显示，我国风电并网装机容量突破3亿千瓦，较2016年底实现翻番，是2020年底欧盟风电总装机的1.4倍、美国的2.6倍，已连续12年稳居全球第一。

广东新能源也正迈向大规模开发、高质量跃升发展的新阶段。在阳江沙扒海域，广东海上风电开发已率先实现从近海浅水区向近海深水区突破——这是广东新能源建设项目不断加快的缩影。去年一年，广东新能源产业营业收入约4300亿元。

"广东省能源供应结构中非水可再生能源的占比还很低，应当加大海上风电、光伏发电、生物质利用等多种可再生能源的开发力度和规模，高度重视可再生能源比例提高后需要的储能和电网技术的研发与应用。"中国科学院广州能源研究所战略研究中心主任赵黛青指出，广东还要提升科技创新能力，把碳减排、碳中和相关技术创新作为科技创新发展的重要组成部分，强化低碳技术的研发与推广应用，支撑我省的能源体系向低碳、清洁、高效、安全、智慧的方向转型，从而支撑我省经济社会绿色循环发展。

"推动经济社会发展全面绿色转型，需要转变大量生产、大量消耗、大量排放的生产模式和消费模式，协调推进经济社会高质量发展和生态环境高水平保护，让绿色成为高质量发展的鲜明底色。通过建立健全绿色低碳循环发展的经济体系，促进产业结构、能源结构、交通运输结构、用地结构和居民生活方式的调整优化，为经济高质量发展持续注入动力和活力。"广东省发改委有关负责人说。

“从全国来看，粤港澳大湾区的经济发展水平比较高，广东在电子信息、新能源汽车等领域都处于靠前的位置。碳达峰碳中和对大湾区来说，机遇大于挑战。例如深圳建设国际低碳城等，都在不断摸索、积累很好的发展经验。”中国社科院可持续发展研究中心副主任陈迎指出，在“双碳”目标中，广东应该给自己制定高标准，坚定不移推动产业转型升级，让产业不断向着中高端发展，发挥其在绿色技术、绿色金融等方面的优势，避免低端产能的盲目扩张。

样本观察

“双碳”前沿技术悄然布局

广东汕尾海丰某电厂，广东省首个碳捕集测试平台项目早已布局于此。

在碳达峰碳中和的大背景下，CCUS 非常热。什么是 CCUS？就是碳捕集、利用与封存技术（Carbon Capture Utilisation and Storage，简称 CCUS），是指通过碳捕集技术，将工业和有关能源产业所产生的二氧化碳分离出来，是人类应对气候变化的一项重要减排技术。

广东润碳科技有限公司运营总监胡黎明介绍，广东省碳捕集测试平台项目依托华润海丰电厂 1 号机组建设，由烟气预处理系统、胺吸收法和膜分离法碳捕集系统、压缩提纯系统，以及配套的电气、热控等公共系统组成，是亚洲首个、世界第三个燃煤电厂多线程国际碳捕集测试平台，以及华南地区首个燃煤电厂碳捕集和利用示范项目。

项目每年可从电厂烟气中最多捕集二氧化碳约 2 万吨，经提纯后纯度达到 99.98% 的液态二氧化碳满足工业化利用需要，未来还将用于二氧化碳离岸封存的安全和泄漏监测研究项目。

“CCUS 作为一种大规模的温室气体减排技术，将成为我国实现碳中和目标不可或缺的关键性技术之一。”中国能源建设集团广东省电力设计研究院机务环保部副部长、中英 CCUS 中心副秘书长杨晖表示。

事实上，不管是 CCUS 项目，还是储能示范电站、综合能源示范利用项目、氢能利用……这些服务于碳达峰碳中和的前沿技术项目其实已经遍地开花，虽然其中很多还处于小范围应用阶段，但相信在“双碳”带来的强劲需求下，也将迎来快速发展，进而“反哺”碳达峰碳中和目标的实现。

（《南方日报》2021年12月20日A01版
刘 倩 王 彪 唐柳雯 张子俊）

扫码查看

传统能源逐步退出与新能源替代如何接续？｜“双碳”四问之二

扫码查看

坚持“节约优先” 如何管好碳排放“阀门”？|“双碳”四问之三

扫码查看

机构竞相布局“双碳”，金融支撑如何落到实处？ |“双碳四问”之四

扫码查看

乡村振兴深调研·打好种业翻身仗

380元一斤！论颗售卖的“天价荔枝”是怎样育成的?

种子是农业的“芯片”。一粒种子，关系着中国人的饭碗安全。

习近平总书记强调，农业现代化，种子是基础，必须把民族种业搞上去，把种源安全提升到关系国家安全的战略高度，集中力量破难题、补短板、强优势、控风险，实现种业科技自立自强、种源自主可控。

农业大省广东作出了哪些积极探索？如何打好这场翻身仗？广东乡村振兴智库组织开展“乡村振兴深调研”，聚焦“粤种强芯”工程实施推进情况，深入调研荔枝、生猪、马铃薯等重点品种种业发展，以期引发社会关注，积聚力量推动种业高质量发展，在南方日报、南方⁺推出“乡村振兴深调研·打好种业翻身仗”系列报道。

今年暑期，广州市民洪女士在商超发现，以往精品水果区被进口货“霸占”的情况悄悄发生了改变，本地特产荔枝跻身其中。“这种叫‘仙进奉’的荔枝能卖到几十元一斤，以前从来没见过。”她说。

近年来，优质荔枝新品种接连涌现，不断推高市场价格，且深受消费者追捧。其中，一种名为“冰荔”的品种更是论颗售卖，今年售价达到 380 元 / 斤！

广东优质荔枝进入高端市场的背后，荔枝育种技术发挥了关键作用，一批又一批研究人员接棒奋斗，花费数十年时间，攻克关键技术难题，培育出一批优质荔枝品种。随着荔枝改良接种技术的升级，一批新品种正在陆续推广，成为广大荔农致富的“利器”。

两代人 10 年育成“仙进奉”

作为岭南四大名果之一，荔枝的品种繁多。但近年来在广州增城，一种名为“仙进奉”的荔枝却跃升“C 位”，不仅深受消费者喜爱，还推动了增城荔枝的产业化发展。

通过电商渠道销售荔枝，成为近年来广东荔枝产业的新形态。

但“仙进奉”亮眼的表现背后却有一段艰辛的故事。

两代人用 10 年时间育成“仙进奉”，在外界看来不可思议，但广东省农科院果树研究所副研究员、“仙进奉”育种团队成员陈洁珍却认为“非常幸运”。

陈洁珍回忆，2000 年前后，省农科院果树研究所副研究员邱燕萍在增城基岗村发现“仙进奉”的母株，到 2011 年“仙进奉”获得省级品种审定。其间，育种团队进行了多个不同的实验，证明新品种与其他品种不同，可以广泛地种植，同时稳定地遗传母株的优良品质。

10 余年的时间跨度，足以说明这一品种来之不易。

陈洁珍还记得，在海南进行区域实验时，“仙进奉”和许多晚熟品种一样出现了水土不服的情况——不开花、不挂果。彼时，育种实验已经开展了五六年，大家都有些沮丧。“整个育种过程环环相扣，如果区域实验失败，前期所有的努力都会付诸东流。”陈洁珍说。

就在团队一筹莫展之际，传来一个好消息：“仙进奉”在广西、福建、四川等地表现不错——区域实验成功！大家总算松了一口气，继续投入接下来的生产实验中。

纵观果树的整个育种过程，一般需要先后进行品种比较实验、区域试验、生产实验等，均需要花费至少 3 年时间，加起来通常不少于 10 年时间。而对许多种业专家来说，一个新品种从育成到改良，花费数十年也不稀奇。

“从 20 世纪 90 年代到现在，冰荔的研究人员来了又走、走了又来，已经换过好几批了。”荔枝新品种冰荔的完成人之一、东莞市农业科学研究中心副研究员马锞回忆道。

“冰荔的母株是怎么发现的？现在可能没人能说清楚。”马锞说。

在多位荔枝专家看来，漫长的育种时间似乎只是自然规律的一部分，“卡脖子”的地方在于育种技术。以陈洁珍为代表的研究人员感觉到，传统的杂交育种正走向极限，未来的许多问题，靠走老路恐难以解决。

比如，3—4 月上市的早熟荔枝品种，往往口味偏淡、核大肉少、品质不佳；优质品种成熟时间却集中在 5—7 月的 50 天内。省农科院果树研究所等机构先后用早熟品种三月红和高品质品种桂味、糯米糍杂交培育出了几十株材料，但至今尚未培育出既早熟又好吃的品种。

“这意味着荔枝的晚熟和高品质之间可能存在‘基因链接’。”陈洁珍说，这一现象在植物育种中很常见，两个性状由同一组“开关”控制。要打破“基因链接”，必须要有基因技术支撑，这也是许多科研工作者正在攻关的方向。其中，“仙进奉”育种完成人之一、省农科院果树研究所荔枝栽培生理研究室主任向旭带来了解决方案。

新技术可缩短 5 年育种时间

走进向旭的实验室，映入眼帘的并不是枝条和土壤，而是数套复杂的电子设备，科研人员正将提取物注入试剂，以提取 DNA 进行分析，这套被称为“荔枝分子标记辅助育种”的技术正逐步走向成熟。

向旭介绍，该技术的初步设想源于 21 世纪初。当时，他在美国考察时发现，柑橘的育种已经用上了分子技术，柑橘何时成熟、偏甜偏酸等性状都可以由基因控制，该技术能大大缩短育种时间，提升效率。

“能不能用到荔枝上呢？”抱着这样的想法，向旭准备借鉴相关技术发展荔枝育种。但项目一开始就遇到了阻力。

彼时，荔枝“同名异物”“同物异名”的现象十分严重。比如，虽然“仙进奉”母株的树龄超过 100 年，但在邱燕萍发现之前，村民只认为树上长的是糯米糍，混在一起售卖。此外，荔枝栽种的范围远远小于柑橘、香蕉、葡萄等大宗水果，进行相关研究的科研团队非常少。

由此带来了两个问题：一方面，荔枝基因复杂，分析哪个基因控制哪个性状，需要大量的样本，而当时全国上下没有大规模的数据支持；另一方面，大量的样本需要分析，样本的来源和品种却说不清楚，这给基因分离带来了额外的工作量。

一个个问题需要先后攻关，这成了向旭 10 余年来的工作。其间，省农科院大院里的国家果树种质广州荔枝圃发挥了重要作用。陈洁珍介绍，2008 年至今，省农科院果树研究所已经利用保存的荔枝树种繁育了 50 万株实生后代，为分子标记技术提供了 700 多个 DNA 片段。这些片段信息清晰，大大减轻了荔枝基因图谱建设的压力。

与此同时，向旭团队陆续攻克了荔枝遗传物质提取和检测分析等技术难关，终于研发出荔枝分子标记辅助育种技术。向旭介绍，该技术可对特定性状进行分子标记，科研人员无须等到荔枝树挂果，只须从树中提取 DNA，即可分析杂交育种的情况。

“通过应用该技术，杂交育种的周期可缩短 5 年左右。”向旭难抑激动之情，“如果说荔枝育种有‘卡脖子’技术，那么这个问题已经被我们攻克了！”

向旭解释说，荔枝的基因图谱好比一本“辞典”，现在解决的是编纂方法，还缺丰富的词条量，要完成“辞典”编写，走向应用，还需要更多样本的支持。比如，果核的大小是决定荔枝售价的关键因素，但这项被学界称为“焦核率”的指标，尚处于“知其然而不知其所以然”的阶段。

目前，茂名荔枝仍以黑叶等品种为主。随着高接换种技术成熟，普通品种有望被高端品种替换。果树在高接后当年或次年可挂果，是这项技术最吸引人的地方。

近年来，陆续有团队与向旭合作，提供更多野生荔枝材料进行分析鉴定。12 年来，国家果树种质广州荔枝圃繁育的实生后代陆续开花，专家也在其中发现了有价值的材料。未来，这些材料将为充实荔枝基因库发挥重要作用。

高接换种技术助力改良品种推广

当前，丰收的喜悦过后，荔枝进入了采后管理的重要时期，各个荔枝研究团队马不停蹄，开始指导荔枝秋梢期的管理。

对于荔枝而言，不同品种的管理方式截然不同的情况十分常见。省农科院果树研究所的荔枝优质品种介绍手册介绍了 20 多种荔枝品种的栽培方法，其中仅施肥就有五六种不同的技术。

荔枝育种专家表示，由于栽培技术不一，加上担心新品种的市场表现，不少果农不愿改种，这是新品种推广遇到的最大阻力。在10多种新品种中，育成之后迅速推广到万亩级种植面积的，仅“仙进奉”“井岗红糯”等寥寥数种。“培养出新品种却没人种植，对科研团队是不小的打击。”陈洁珍说。

一边是新品种推广困难重重；另一边却是老品种被撂荒，滋生虫害。“病虫害很容易从抛荒的荔枝树传染到荔枝林中，给管理带来了很大的麻烦。”茂名电白水东街果农杨华欢颇为苦恼。

据向旭分析，多年以来，品质一般的荔枝品种由于竞争力弱，价格不断下降，导致不少荔枝林被撂荒。据他估算，省内因类似原因撂荒的荔枝林面积可能达到50万亩。

而高接换种技术的成熟，为荔枝迅速改良品种提供了全新思路。通过高接换种，原本廉价而被抛荒的黑叶等品种有望改造成桂味、冰荔等贵价品种。“若水肥条件好，管理得当，荔枝在高接换种的次年即可挂果，投产时间比传统嫁接苗提早3年以上。”向旭说。

相关的技术工作已在广东推开。当下，向旭正在全省各地指导高接换种；据马锞介绍，现在茂名、湛江等地也出现了冰荔的身影。然而，高接换种技术施行难度大，成本亦较高，目前个体农户的积极性尚未完全被激发出来。

对此，向旭建议通过合作社的运作，对技术标准、施肥、喷药、修剪、采收、包装销售等方面进行规范，以发挥示范带动作用。省农业农村厅亦已出台《广东荔枝产业高质量发展三年行动计划（2021—2023年）》，计划用3年时间改造低效果园100万亩，同时发展多种林下经济，开展立体种养，增加果农收入。

■ 智库观察

培育适合深加工品种　有助破解售期短难题

广东荔枝产量位居全球第一，对于180万从业者来说，既是欢喜，也是烦恼。欢喜的是荔枝带来的上百亿元收入，烦恼的则是荔枝集中上市带来的销售问题。

目前，优质荔枝品种的成熟时间集中在5月底至7月初约50天时间，集中上市叠加不耐储运，让荔枝的销售期呈现密集而短暂的特征。

近年来，水果市场的整体变化，让荔枝成熟期短暂的劣势更为凸显。过去，6月是荔枝的绝对“主场”，现在情况已悄然变化。以前中秋前后上市的柑橘，现在可以全年供应；葡萄、苹果等秋季水果的成熟期提前，进一步挤压荔枝的市场空间。

相比之下，同为无患子科植物的龙眼上市时间也短，其销售压力却远小于荔枝，其中重要原因之一正是龙眼拥有成熟完善的加工体系。

因此，培育专用于加工的荔枝新品种，是育种研究的全新方向，而这也需要种业新技术的加持，以更好地控制优质性状，加快育种进度。在此基础上，未来加工的高品质荔枝干、荔枝酒，甚至荔枝制成的药物、保健品，若能打开市场，将给荔枝“大年”的销售问题带来全新的解决方案。

（《南方日报》2021 年 9 月 13 日 A01 版 邵一弘）

扫码查看

八成生猪是“洋种”，广东如何破局？

扫码查看

2克种子抵200千克种薯！中国团队如何攻克土豆种植难题？

扫码查看

杂交稻“好看不好吃”？广东打开育种“芯”思路

扫码查看

从国外掌控到实现自主，广东白对虾育种如何逆袭？

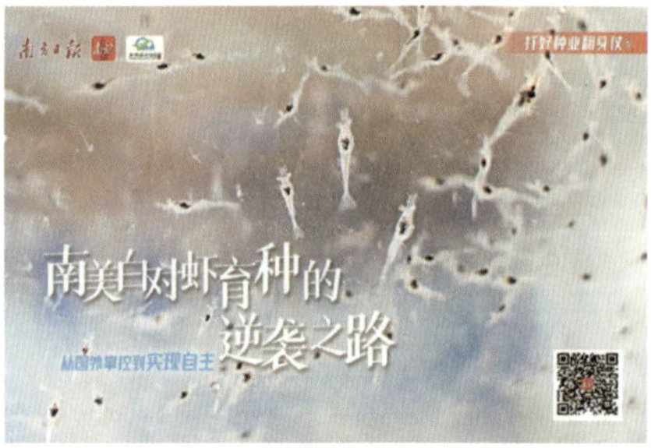

扫码查看

广东农信改制化险攻坚战深调研报道

农信社全面改制组建农商行！广东如何啃下这块“硬骨头”？

加快农信社改制农商行，是防控金融风险、落实国家监管要求的重要举措，也是服务实体经济、助推乡村振兴战略和区域协调发展战略实施的必然要求。

为深入贯彻落实党中央、国务院全力打好防范化解重大风险攻坚战的决策部署，2017 年，广东省委、省政府启动以全面组建农村商业银行化解风险为目标的广东农信新一轮深化改革。经过三年改革，全省（不含深圳，下同）64 家农信社完成组建农商行化解风险的艰巨任务，以“广东速度”为全国农信社改革积累了经验。

2020 年是全国农信社改革的深化之年。南方日报派出骨干记者历时 145 天，遍访珠三角及粤东西北城乡，行程超 4300 公里，调研广东 34 家农合机构，采访 226 位广东农信机构工作者及金融专家，正式推出以“广东农信改制化险攻坚战”为主题的深调研系列报道，剖析农信社改革的“广东方案”。

2020 年 11 月 21 日，汕头海湾农村商业银行成立开业。这意味着落后了全省改革 15 年的汕特联社完成了改制化险组建农商行的艰巨任务。

防范化解金融风险，事关国家安全、发展全局、人民财产安全，是实现高质量发展必须跨越的重大关口。在广东，推动农信社改制组建农商行，是防范化解金融风险的关键一战。2017 年，广东启动全面组建农商行工作。三年来，广东 64 家改制农合机构累计清收压降不良贷款超 600 亿元，完成改制的农商行数量，相当于过去 10 年总家数的两倍。

今天我们推出首篇深调研报道，聚焦农信社改制化险过程。我们试图复盘改制历程，探寻三年完成 64 家农信社改制农商行艰巨任务的有效做法，寻找广东如何以改制为抓手，推动农合机构新蝶变。

从"不可能完成的任务"到"一号工程"

12月的广东，天气骤然变凉。但湛江农商行员工陈清和他的同事们依旧工作得热火朝天。他们正忙着开展新一轮的"百行进万企"走访行动，将新开发出来的"暖企贷"产品送到湛江的小微企业手中。

"幸好在去年完成了农信社改制，否则今年面对疫情的冲击，湛江农合机构极有可能发生金融风险。"湛江市委常委、常务副市长曹兴对记者表示。

今年，受疫情冲击影响，银行一面承担着保市场主体的重要任务，另一面自身也经受着不良资产风险侵袭的考验。

"提前部署完成农信社改制任务，不仅让广东农合机构卸下历史包袱，成功经受住疫情的压力测试，还让其成为关键时刻服务地方经济的主力军之一。"肇庆农商银行董事长黄东奇如此表示。

这是调研中记者听得最多的观点。1951 年，新中国成立后广东省第一家农村信用社在台山县成立。此后，农信社伴随广东农村、金融发展，成为全国规模最大的省级农村信用社，也是广东服务"三农"、支持区域协调发展的金融主力军。无论从资产总额，抑或营业网点数量来看，农信社均居省内银行业机构前列。

然而相较于全国其他地方，广东农信社改制起步相对较晚，步子较慢。2017年9月末，广东有64家农信社未改制为农商行，占全省农合机构总数的三分之二。

"改制前，广东农信社的发展情况与广东经济强省、金融大省的地位极不匹配，甚至成为防范化解重大风险的重点领域。"广东省地方金融监督管理局相关负责人表示，个别机构风险隐患突出。

打好防范化解重大金融风险攻坚战，农信社改制势在必行。2017 年 9 月，省委、省政府启动以全面组建农村商业银行化解风险为目标的新一轮深化改革。

"几乎是'不可能完成的任务'。"谈起改制初期的压力，陆丰市委常委、常务副市长林义清坦言，改制前，陆丰的资金缺口较大，任务非常艰巨。

从全省来看，2017 年 9 月末，农合机构面临巨大的改制资金缺口。同时，改制面临新旧难题交织、各方矛盾错综复杂的局面，农信社改制化险成为一块难啃的"硬骨头"。

"有些产权问题、坏账问题是几十年前造成的，甚至经办人、借款主体都没有了。改制初期，各县（市、区）对改制工作的理解和支持不一，工作推进阻力非常大。"湛江农商银行董事长姚强告诉记者，在湛江，农信社改制面临改制机构多、改制条件差、历史包袱重、增资扩股难等"拦路虎"。

面对艰巨的改制任务，如何啃下"硬骨头"？高位部署、形成合力，改革才有可能推进。

2017 年 11 月 15 日，广东召开全面加快组建农村商业银行工作动员大会，成立由省政府主要领导担任组长的省深化农合机构改革工作领导小组，要求全省各地、各部门和农合机构对照目标任务，加快改制组建步伐。在高层推动和统一部署下，全省层面形成一股改革力量。调研中，记者发现，各地市均由市政府"一把手"亲自挂帅担任本市改革领导小组组长，将农信社改制确定为"一号工程"，破解"不可能完成的任务"。

"每天催报工作进度，高压推进农信改制进度。"湛江一位参与农信改制的金融工作局负责人告诉记者，市政府把农信社改制工作列入重点督办事项，要求改制工作进度每天一报。两年内，市领导主持召开了 30 多次改制会议，为了强化督办，市政府共向各县（市、区）发出预警函和督办函 12 次、提醒函 20 份。

以时间倒逼进度、挂图作战，广东围绕农信社改制展开了一场高风险机构歼灭战。攻坚之下，广东农信社改制跑出了"广东速度"——2018 年全年组建 58 家农商银行，单年组建数量为近五年全国之最；到 2020 年底，全省 64 家农信社全面完成改制艰巨任务。

雷霆出击，掀起不良贷款"清收风暴"

农信社改制组建农商银行，需要满足包括资本充足率、拨备覆盖率、不良贷款率以及股权结构等监管指标。其中，清收压降不良贷款、改善不良贷款指标，是改制的前置条件，也是打赢改革攻坚战的重中之重。

然而，对于不少农信社来说，压降不良贷款成为改制最大的"拦路虎"。

"不仅不良贷款率高，且不良贷款边清边冒。"湛江农商银行行长钟国波告诉记者，改制初期的2017年，麻章、赤坎、东海、坡头四家农信社不良贷款压降任务大，且改制资金缺口不断增加。

汕尾市金融工作局相关负责人告诉记者，汕尾的海丰、陆丰、陆河三家机构信贷资产质量差，不良高企。改制初期，曾尝试通过农合机构自身清收、政府部门协助或直接由投资方购买等方式压降不良贷款，但上述方式均不能从根本上解决问题。"赖账的手段总比催债的手段多。"原陆丰联社一位高管告诉记者。

不良贷款清收压降进展异常缓慢导致改制陷入僵局，是不少农合机构普遍存在的现象。

如何破题？广东各地掀起围绕不良资产清收的打击逃废债风暴。其中，各地政府协调公检法成立联合专案组办案，进驻农合机构现场办公，深度介入依法收贷、查坏账，掀起"清收风暴"的做法最为有效，也最为典型。

"各部门的力量都被调动起来了。"汕尾市金融工作局相关负责人告诉记者，汕尾由市公安、检察、法院、监委等部门成立督导组，分赴三地开展督导工作。三市县党委书记亲自挂帅，组成以多个部门为成员的农信社改制工作领导小组，从纪委、公安、检察、法院、国土及房管等部门抽调186名业务骨干成立联合专案组，分别进驻三家农合机构现场办公。

联合专案组的成立很快让"老赖们"感受到打击风暴的威力。"679笔20万元以上、总金额16.80亿元的不良贷款档案被全部移交联合专案组。"汕尾市金融工作局相关负责人介绍，专案组按照"一户一策"原则，将清收任务一下子就落实到人。

集中会议约谈、重点个别谈话、发出函告……联合专案组通过一系列举措要求"老赖"限期还款；同时，公、检、法坚持刑事民事齐头并进，公安办案和法院诉讼同步进行，公安、检察院主动担责，办理大案要案。

据调研了解，改制期间，各地市累计出动公检法人员2000多人次，公安部门通过拘留、逮捕、通缉等手段，形成威慑力；法院开通绿色通道，对案件"快立、快审、快执"；检察院提前介入，加快案件审理，对部分案件当天审理、当天逮捕。

同时，各地每天在当地各类微信公众号、网络论坛、电视公布失信人员信息，发布敦促在逃人员投案自首通告以及悬赏通告，让“老赖”无所遁形。“高峰还款的时候，我们机构的大楼里出现排队还款情况。”原陆丰联社一位高管向记者描述。

除通过公检法联合专案组形成强大的压力外，记者在调研中还发现，“刀刃向内”清收涉政单位及公职人员不良贷款成为汕尾、湛江等地“撕开”不良贷款清收的突破口。

以汕尾为例，纪委监委采取集体约谈、“一对一”谈话等措施，敦促欠款单位和公职人员主动还款。

“甚至对涉政单位暂停财政预算拨款，对单位主要领导实施组织处理、问责措施。“汕尾市金融工作局相关负责人表示，该市“不护短、不遮丑”对公职人员采取停职、停岗、停薪，不提拔、不调动、不加薪、不评选、不晋级的“三停五不”处理及党纪政纪处分、公安查办等一系列措施。

对涉政单位及公职人员不良贷款“不护短、不遮丑”的态度，让全社会意识到政府压降不良贷款的决心，形成“打击一批，震慑了一大片”的效果——仅用 3 个月，汕尾三家农合机构就超额完成不良贷款清收压降既定目标，扭转此前的僵局。

不良贷款的大幅压降，为广东农信社改制打开了局面。广东省地方金融监督管理局提供的数据显示，截至目前，64 家改制农合机构累计清收压降不良贷款超 600 亿元。截至 2019 年底，不良贷款率下降超 8 个百分点，金融风险得到有效化解。

新官理旧账，消化历史包袱

位于德庆新圩镇致庆大道的碧桂园城市之光，如今已成为肇庆知名度较高的高档小区。然而，这里曾经是肇庆农信社改制的“历史包袱”——改制前，321 国道的多个地块分属于封开、德庆两个联社，因过度分散，市场认可度不高，变现难度极大，成为肇庆农信社改制中的一个棘手难题。

改制以创新思路让历史老问题迎刃而解——当地确定“置换、整合、挂牌”的方案，先采取土地置换，再将两个联社的土地与其他闲散土地整合，以最大价值实现地块的整体变现。

做实两类资产（捐赠资产和涉政抵债资产），是改制完成的另一个先决条件，但却是农信社改制中另一个难啃的"硬骨头"——2005年以来，按照中央和省政府要求，广东有关市县政府通过捐赠资产帮助农信社顺利完成首轮深化改革试点任务。然而由于历史原因，其中一些存在产权瑕疵的土地、林地等囿于政策限制难以处置变现。

解决历史包袱，需要各地拿出"新官理旧账"的责任担当。调研中，记者发现，改制中，部分地方因财政吃紧，短期内两类资产无法全额解决，一度导致改制工作停滞不前。

为了解决这一问题，广东推动财政部门按照"压实责任、一地一策、急事先办"的原则，及时向有关市县政府提供了周转资金；同时各地政府带头讲诚信，新官理旧账，想方设法调配资金，解决了农合机构"捐赠资产、涉政抵债资产"等历史遗留问题。

此外，针对农合机构大量自有资产无法确权办证的问题，各地市政府开通绿色通道，特事特办。改革之初，全省64家改制农合机构有未确权办证自有资产3301宗，到2020年末已累计确权办证2628宗，剩余资产正在妥善处理中，解决了多年想解决而未解决的历史遗留问题。

伴随着改制的推进，农合机构卸下沉重包袱，地方金融主力军地位更加凸显。记者从广东省地方金融监督管理局获悉，3年来，广东64家改制农合机构累计清收压降不良贷款超600亿元，引入各类战略投资者化解历史包袱453.9亿元。

广东银保监局数据显示，改制后广东农信社服务能力不断提升。农合机构存贷比由60%提升至65%，涉农贷款、小微企业贷款、农户贷款、扶贫小额信贷分别比改革前增长20%、30%、60%和219%。粤东粤西粤北地区农合机构贷款年平均增速达到改革前的1.3倍。

广东省社会科学院财政金融所原所长、港澳台研究中心主任任志宏表示，广东是金融大省，农合机构总资产占全国的十分之一以上。自2017年9月全面启动新一轮农合机构改革以来，广东金融以敢于亮剑精神，有效化解农村金融历史包袱，“注资、注制、注智”叠加并用，构建起农信领域行稳致远的长效发展机制，守住了金融安全相对脆弱的农村金融阵地，从制度和机制层面探寻出了一条可复制和推广的广东农信经验，为更高水平发展乡村振兴、城乡融合、美丽乡村建设赋能发力。

一线见闻

改制是一场化险攻坚战

农信社为何要改制为农商银行？调研中，我们不断在寻找答案。

新一轮改制首要目标是化险。“对广东农合机构来说，这是一场‘刮骨疗毒’。”在汕尾，百姓仍对两年前的那场清收风暴记忆深刻。“公检法介入、几乎全员动员，电视里随时滚动播放的失信人名单让‘欠债要还钱’的理念深入人心。”陆丰农商银行一名高管告诉记者，因改制而推行打击逃废债让汕尾的农合机构在增资扩股时“打扫干净屋子再请客”，同时，向老百姓传递了欠款要还的理念，改善了汕尾的金融土壤和营商环境。

“以前借款不规范，各种弄虚作假的事情很多，有些人抱着借钱不还的侥幸心理，汕尾地区金融信贷环境十分糟糕。但现在大家知道，借钱一定要合规，也不敢坑蒙拐骗地借。”原陆丰联社一名高管告诉记者，改制重建了汕尾的信用环境。

改制是一场高风险机构歼灭战。改得好是一份财富，改不好，则是包袱。改制前后的湛江农合机构是最好的说明样本之一——改制前，湛江地区共有 9 家农合机构，改制初期有 6 家农合机构风险相对突出，是本轮深化改革中列入改制机构和风险机构数量最多的地级市。改制后的湛江农商银行轻装上阵，面对疫情对实体经济的影响，主动请缨支持当地实体经济。截至 6 月末，该行今年已累计发放贷款 56.18 亿元，其中累计发放涉农贷款 18.57 亿元，普惠型小微企业贷款 5.34 亿元。

农信社改制，是一场祛除金融沉疴痼疾的攻坚战，也是重塑农合机构竞争力和服务能力的过程。

2020 年 2 月 22 日，在 19.2 万网友的参与下，由高要农商银行、端州农商银行和鼎湖联社三家农合机构合并组建的肇庆农商银行正式宣布成立。此后，客户经理告别“等客上门”，全员动员开展上门服务、扫街营销，走向大街小巷、园区、工厂、田间地头。

“改制为农商银行，不是换个新牌子，而是要完成经营机制转换，提升农商银行服务‘三农’、服务小微的竞争力。”黄东奇对于改制目标深有体会：改制是对农合机构进行的一场“大手术”。

记者手记

从“要我改”到“我要改”

从新中国成立之初信用合作的兴起到现在纷纷改制为农村商业银行，数十年来，农合机构在服务“三农”、乡村振兴和脱贫攻坚中发挥了重要作用，自身也不断发展壮大。

从全国来看，包括农商银行、农合行、农信社在内的农村金融组织有 2000 家以上，其总资产规模 30 万亿元以上，超过中国工商银行的规模。在广东，无论是服务网点、人员规模，还是资产规模、存贷款等指标，农信社也均居全省银行业金融机构前列。

也正因如此，农信社改制成功与否不仅影响金融的稳定性，更左右着农村金融版图的架构。这就不难理解为何过去三年，广东要以“钉钉子”精神攻坚克难地啃下农信社改制的“硬骨头”。

南方日报深调研团队对广东 34 家农合机构开展调研，我们试图寻找广东农信社改制的经验。在此过程中，最令记者印象深刻的是随着农信社改制工作在广东的不断铺开，“农信社改得好是地方经济发展的宝贝，改不好则是地雷”逐渐成为共识；无论是各地政府、农合机构抑或从业者，对农信社改制的认识从“要我改”逐渐转变为“我要改”；改制，逐渐从完成任务转变为抓机遇转变。

正是在这场由被动转向主动的改革中，农信社、农商银行作为地方性金融机构和当地老百姓“自己”的银行，在经营理念、经营模式、公司治理、队伍建设、业务发展、风险控制等方面进行了脱胎换骨的重组改造，重新焕发活力，壮大自身实力，真正成为地方经济社会发展和国家实施乡村振兴建设的健康血脉，掀开新的发展篇章。

（《南方日报》2020 年 12 月 21 日 A07 版
陈　颖）

扫码查看

一个好汉三个帮！定向帮扶如何破除农信社风险“周期律”？

扫码查看

改制不改向，
农商行如何"贷"动县域经济发展？

扫码查看

农信社变形记：
改制后要成为怎样的农商银行？

扫码查看

"老赖"主动还钱了！
广东怎么改出一片"绿洲"？

扫码查看

海报及版面

“粤数字 · 粤智造”深调研

“All in”数字化，制造巨头如何“大象”起舞？

A07 广东

广东制造业数字化转型深调研

看“大象”起舞！制造巨头的数字化

请48小时内再测一次核酸

“北向通”“南向通”均破千万！

8000 家箱包企业的数字化之旅

星火燎原：中小企业“上云记”

为什么这四家粤企入选国家队“双跨”平台？

A09 时局 观察

12年来，广东共派出10批医疗队援助加纳

“白衣外交”架起中加友谊之桥

广东4家企业入围国家级“双跨”平台，数量第一

“双跨”平台链接未来工厂

民族团结之花绚丽绽放

广东如何构建制造业“数字森林”？

A09 时局 观察

广深佛莞入选广东制造业数字化转型示范城市，陆续出台配套政策

粤政企联手全面构建数字生态

“数字化转型，关键要消除中小企业的畏难情绪”

“大食物观看广东”

走出深山的菌菇，原来这么美味

A03 要闻

我省持续学习贯彻省第十三次党代会精神

有力履职服务广东发展大局

广东创新推广分段栽培方式，助力山珍美味走出深山

食用菌托起“舌尖上的幸福”

探秘南粤山林里的“致富果”

A04 要闻

用心用力种好基层党建“责任田”

——2021年度党委（党组）书记抓基层党建工作述职评议考核综述

送好每份快递 就是服务民生

广东油茶产业 将迎政策“春雨”

靠山吃山，怎么吃出“甜”和“绿”？

A03 要闻

省发展改革委党组书记、主任，省大湾区办主任艾学峰：

在新征程中推动高质量发展实现新进步

广东授粉昆虫和森林资源得到显著恢复提升，林下养蜂呈现“越来越、越丰富”新特点

古老智慧孕育新的“甜蜜事业”

向海洋要食物！看广东如何建造“蓝色粮仓”

A02 要闻

党代表在技工教育一线与师生研讨学习省党代会精神

走好技能成才路 创造美好未来

广东修复改善海域生态，已累计创建15个国家级海洋牧场示范区

深耕碧海 围起“蓝色粮仓”

南国戏剧正青春焕新彩

探秘南岭

广东农险高质量发展深调研视频海报

融媒作品

广东省委、省政府发文分别支持珠海、汕头、湛江、佛山、东莞发展的"一图读懂"

珠海

扫码查看

汕头

扫码查看

湛江

扫码查看

佛山

扫码查看

东莞

扫码查看

走近广东中小企业家：“何来商海传奇，不过死磕到底”

扫码查看

广东厂长

扫码查看

守护广东“米袋子”，离不开这个“主力军”

扫码查看

穿越西江秀美风光，感受河湖治理之变｜河长制5周年Vlog

扫码查看

（整理：唐亚冰）

融

动力

南方日报经济报道创新实践

第五章

融·手段

习近平总书记在全国宣传思想工作会议上指出，宣传思想工作创新，重点要抓好理念创新、手段创新、基层工作创新。手段创新，就是要积极探索有利于破解工作难题的新举措新办法，特别是要适应社会信息化持续推进的新情况，加快推进媒体深度融合发展，充分运用新技术新应用创新媒体传播方式，占领信息传播制高点。

近年来，以南方日报为龙头，南方报业构建了报、刊、网、端、微、屏等多元传播矩阵，新型主流媒体建设初见成效，已成为名副其实的"全媒体"集团。

在此过程中，南方日报经济新闻部牢牢抓住传播能力建设这个关键，以移动化、智慧化为转型方向，推动全员努力做政治过硬、本领高强、求实创新、能打胜仗的新闻宣传工作者和新时代记录者，融媒常态化生产意识和自主化生产能力不断增强。

依托南方$^{+}$，南方日报经济新闻部从内容生产、技术支撑和传播途径上综合发力，运用视频、直播、长图、H5 等融媒手段，栏目产品琳琅满目，匠心打造爆款精品，数量产出屡创高峰，让"多、快、新、近、实"的经济内容跃然于网端和眼前，拓展智慧化生存和服务能力，做到外行不觉深、内行不觉浅。

一 名记者引领全员融媒转型

3 年来，南方日报经济新闻部积极推荐部门优秀员工参评集团"南方名记培育工程"（下称"培育工程"），先后培育了肖文舸、彭琳、唐子湉、昌道励、黄进等 5 名"南方名记者"。依托培育工程，部门积极为南方名记者提供支撑、创造条件，充分发挥其引领作用，加快推动全员融媒转型。

"南方名记者"以重大主题报道为依托，不断生产高品质全媒体产品引领舆论；同时运用好新技术、新方式加快产品创新、表达创新，提升党报内容生产力。目前，肖文舸、彭琳 2 位"南方名记者"已顺利"毕业"，持续发挥转型带动作用。昌道励、唐子湉、黄进 3 位“南方名记者”仍然“在任”，分别推出《励行天下》《唐唐探湾区》《乡行漫记》等栏目，担当引领转型融合重任。

一是《励行天下》走读“双循环”。作为“南方名记者”培育对象，昌道励立足商务线条优势，推出《励行天下》短视频栏目，通过讲述外国友人、外资企业在广东的故事，传播广东好声音。视频在南方⁺、南方英文网及其在脸书、推特的境外社交媒体账号同步发布，受到境内外企业广泛关注。

其中，在中国与格鲁吉亚建交 30 周年之际，推出《疫情下，这位格鲁吉亚商人却在广州连开新店》及外宣版视频，探寻格鲁吉亚“一带一路”商务馆创始人贝卡的广东创业足迹，体现广东经济韧性。视频在推特上被中国驻黎巴嫩大使馆领事部主任曹毅和香港贸发局点赞。

栏目还聚焦广东新出台的跨境电商综试区实施方案，推出《把直播间开到非洲去！我们把直播带货玩明白了》以及外宣版视频，与非洲学员一起走进“一带一路”跨境电商培训班，展现中非贸易新桥梁，获得中非电商总会点赞。

二是《唐唐探湾区》粤语 Vlog 出圈。“南方名记者”唐子湉主导推出《唐唐探湾区》系列节目。这档粤语 Vlog 节目，通过实地走访大湾区各地，以轻松活泼的表达方式，及时传递湾区建设现状、发展机遇和政策服务信息等。

比如，2022 年 6 月《广州南沙深化面向世界的粤港澳全面合作总体方案》发布后即推出 2 期节目《去南沙，到理工青年聚地感受科创之美》《水上小众运动火了！周末来南沙撑艇仔啖黄油蟹》，从小切口活色生香地呈现南沙建设现状及发展前景。

该栏目还特别制作繁体字幕版本在脸书等多个对外传播平台发布，被香港“港人讲地”、《澳门日报》等转发，有效引导境外舆论，鼓励更多优秀人才来大湾区发展，共享大湾区建设成果。此外，栏目还作为开放联动生产的平台，通过名记者与南方日报多个记者站联合生产，陆续推出《唐唐探佛山》《唐唐探东莞》等节目，进一步触达目标受众。

三是《乡行漫记》传递“三农”新气息。“南方名记者”黄进则深耕“三农”，推出的短视频栏目《乡行漫记》以“探秘 + 科普 + 解惑”的形式聚焦农口热点，首期紧扣"预制菜十条"出台节点，深入生产车间实地采访拍摄，推出《预制菜为啥火了？我们在生产车间找到了答案！》，获得积极反响；此外还以"中国农民丰收节"为契机，走进梅州看首届丰收节以来的大变化，进行跟踪式报道，重点记录乡村振兴中有趣的人和事，单期平均流量均可观。

二 品牌栏目推动常态化生产

融媒时代的到来推动短视频的蓬勃发展，优质短视频的生产能力，也成为评判融媒转型成功与否的一项重要指标。近年来，南方日报经济新闻部在原有基础上不断加强常态化融媒生产能力，持续推出《船说广东》《谈天说气》《简笔画财经》《港青喺湾区》《彪·局》等一系列短视频栏目，以系列品牌栏目和全新产品形态，有力提升全员融媒常态化生产意识和自主化生产能力，一大批记者不仅能采写，还可出镜、可掌镜、可剪辑，出圈效应渐成。

一是推动全员参与短视频生产。作为较早期的原创短视频栏目，《船说广东》以经济类短视频新闻栏目为定位，深入一线传"经"送宝，大事要事必有"船说"，推出五年来已逐渐从肖文舸个人栏目迭代为南方日报经济新闻部全员出镜转型的载体平台，近两年更是以约 120 期的生动短视频新闻产品有力呈现广东经济社会发展成果。

"三项工程"、碳达峰碳中和、广交会、粤澳新通道、农险改革、经济战疫……只要是重大经济话题，《船说广东》从不缺席。同时，栏目形式新颖、特色鲜明，每集由一位主播带领观众深入各自擅长的经济细分领域，分享一线见闻、现场专业解读，清新解渴。

二是垂直类短视频做强专业性。《谈天说气》短视频栏目重点关注气象领域，通过"4 分钟内的短视频 + 脱口秀"的形式趣味解读台风、冰雹等极端天气及臭氧治理、碳排放等相关热点话题。

节目从听觉、视觉等方面作出改变，让报道更符合互联网时代的社交媒体传播方式。首先转变话语方式，采用脱口秀的调侃方式，听觉上和传统新闻字正腔圆的播音不同，主播用格外明快活泼的语调进行阐述，让节奏更轻快；视觉上则大量运用表情包制作，持续增强短视频的趣味性。

2020年9月，南方日报经济新闻部又一档短视频栏目《简笔画财经》开播，以有趣、新颖的手绘画向受众科普财经知识，内容已逐步扩展到财税、工业、民生等大经济领域，同时不断拓展与外界合作生产“联名款”，进一步丰富节目内容。栏目通过及时捕捉热点话题、使用年轻态的语言风格、改变宣教化的口吻等方式，改变读者对经济领域新闻阅读门槛较高的传统印象，是“硬”新闻“软”表达的有益尝试。

同月，聚焦湾区青年的《港青嗱湾区》栏目推出，讲述来内地发展的他们开拓人生新天地的精彩故事，栏目于2021年迭代升级为《湾区新青年》，关注粤港澳三地青年追梦、筑梦、圆梦的湾区故事。

节目在南方$^+$推出后，还在脸书、推特等境外平台发布，在互联网国际舆论场取得了良好传播效果。《“港脚”陈俊乐：北上踢中超，走向更大舞台》在脸书的浏览量超11万，《冯富荣：“我在大湾区圆了教师梦”》被刊发在美国《国际日报》、柬埔寨《华商日报》、泰国《星暹日报》，节目还被中国驻加尔各答总领事点赞转发，成为面向国际社会生动讲好广东故事、湾区故事的典型案例。

三是智库新闻打造新形态。随着“智库＋新媒体”融合栏目《彪·局》的上线，南方日报经济新闻部媒体融合进一步向前探索。作为南方经济智库打造的视频评论栏目，《彪·局》突出三个新——营造新闻产品新场景、塑造新闻讲述新思路、打造新闻呈现新形态。

部门专门投入资金，利用办公场所公共空间搭建具有一定文化品位的节目实景，塑造讲好经济新闻故事的专属舞台；内容方面，主题聚焦与广东有密切关系的全国全球经济大事，比如《新能源汽车时代到来，广东能否弯道超车》等，不局限于新闻事实的简单陈述，而是重在挖掘经济发展的内在规律和重要趋势；还充分使用数据动图、逻辑动图、实景拍摄、影像资料等，丰富节目表现形式。

四是微纪录片产出精品力作。基于不断强化的融媒策划意识和生产能力，在微纪录片这一短视频“最重型”子类上，南方日报经济新闻部联动其他部门也产出了不少精品力作。比如，记录脱贫攻坚战取得全面胜利和粤港澳大湾区建设破浪前行的系列微纪录片《粤味匠心》《四食有味在湾区》，通过美食“小中见大”，体现时代发展中的动人一隅。两季作品以“粤菜师傅”为切入点，各选择 4 个城市中的一道特色鲜明的菜品作为载体，用十足的烟火味讲述背后动人的奋斗故事。

不仅是短视频，南方日报经济新闻部还在重大事件、重大节点推出直播、H5、“一图读懂”等形态丰富的精品。比如，8 小时慢直播《提升即将完成准备合拢！广州白云站壮观外形初显》创新采用全景 + 特写双机位模式；《直击进口婴童用品质检现场，专家教你挑儿童节礼物》，微博流量 196 万，获海关总署官网、官微同步转播；2022 年省党代会期间推出的 H5《@ 广东人：收下这个锦囊，惠企利民政策一键搜索》收录疫情发生以来广东省发布的纾困政策条文超 500 条，为企业和群众提供便捷的查询通道。还在世界环境日推出《“老龙王”返乡记》，在世界海洋日推出《这片蓝色空间，藏着广东连续 26 年全国第一的宝藏》等重交互、强策划的长图精品。

三 开放生产构建立体传播力

随着融合转型的深化推进，南方日报持续打造新能力、提供新服务、争创新价值，南方日报经济新闻部依托南方⁺加强开放生产和频道共建，与职能部门合作重点打造了一系列政务立体发布厅，加强频道共建和开放生产，让传播力更加立体化和移动化。

随着粤港澳大湾区频道、广东应急管理立体发布厅、广东税务立体发布厅、广东金融立体发布厅、广东乡村振兴发布厅、广东市场监管立体发布厅、粤菜师傅频道等陆续上线，立体发布厅新矩阵逐渐形成规模，在发布权威消息、回应社会热点、引导网络舆论、塑造政府形象等方面做好支撑，构建党报为主导的全媒体传播新格局。

一是构建整体协同的政务新媒体矩阵。依托发布厅，南方日报经济新闻部推动有关领域各级职能部门入驻南方号平台，构建整体协同、响应迅速的政务新媒体矩阵。同时提供包括短视频、直播、一图读懂等在内的政务新媒体内容解决方案，以及策划、脚本、拍摄、剪辑、发布等全链条服务，不断扩大传播力与影响力。

以广东应急管理立体发布厅为例，广东是经济大省，三防和安全生产新闻长期备受关注，该发布厅作为广东省应急管理政务新媒体内容生产、权威首发、矩阵运营的主平台，以“广东应急管理”南方号为“龙头”，吸引了各地市应急管理系统一批官方南方号入驻。这不仅让南方⁺实现相关领域新闻实时首发，还实现权威发声“一呼百应”，有力消除公众疑虑，为应急管理工作开展营造了良好舆论氛围。

不仅注重权威信息第一时间发布，发布厅还注重对相关话题深挖、科普，量身定制的《应急管理云宣讲》等栏目就在向社会公众传达“发生了什么”的同时，更力图讲清楚“为什么”的问题。例如，2022年“龙舟水”来势汹汹，我们在首发重要资讯的同时，还推出大量直播、动画、短视频，阐释防汛形势为何严峻、全省各地如何应对等大量有用信息。

横向上产品丰富，纵向上触达到位。发布厅还在每年汛期及时推出“六个‘百分百’”主题系列海报，通过南方⁺线上推送和全省应急管理系统线下场景（户外大屏、电梯广告屏）的广泛推广，打通了宣传的“最后一公里”。如今，广东应急管理立体发布厅还在不断输出一批批超“10万+”的爆款内容，触达用户数量也达到了千万级别。

二是加强矩阵运营做强传播力。疫情发生以来，广东陆续发布实施大规模减税降费政策，第一时间做好报道非常重要。广东税务立体发布厅推出了一系列的科普视频，以通俗易懂的表达、生动形象的例子，向读者科普专业的税务知识，内容接地气，广受读者喜爱；还频频深入一线采访拍摄，让纳税人缴费人现身说法谈获得感。

有“力度”的政策，还须通过有“温度”的服务来确保宣传到位、保障到位、落实到位。依托发布厅，南方日报经济新闻部和国家税务总局广东省税务局连年举办“广东省纳税人缴费人最期待的 10 条税费服务举措评选”，由纳税人缴费人通过网上投票的方式从 20 项参评项目中评选出最期待的 10 项，政府承诺推动落实见效。第二届评选活动吸引了超 176 万人次参与，第三届“翻倍”至 436 万人次参与，广受好评。

几年实践，南方日报经济新闻部将党媒生产能力与平台建设相结合，为党委、政府推动工作做好服务；抢占了政务信息首发权，实现政务信息在南方⁺平台的首发，更好地为做好政务公开、政策解读提供智慧化的支持、保障、引导；提升了内容生产服务力，推动记者与职能部门共同策划生产融媒爆款。

四 深调研助力经济智库转型

南方日报经济新闻部加快推动智库化转型，南方经济智库、广东乡村振兴智库相继挂牌，经济类智库资源不断做强做大。

南方经济智库自 2018 年 3 月成立以来，建立以刘世锦为主任的学术委员会，与郑永年、刘元春、陆铭等超 100 名专家学者开展紧密合作，为学术机构、智库提供成果发布传播平台，并紧扣国家战略和广东省委、省政府中心工作，策划推出世界级湾区深调研、广东战略性产业集群深调研、广东制造业数字化转型深调研、广东乡村振兴深调研等智库深调研和全媒体传播活动。

同时，在南方⁺开设《经济粤评》《新区势》等栏目，连接各方智力资源，做好全省重大经济新闻和全国全球经济热点在广东的深度解读、权威访谈、数据分析等报道。

智库还与广东省委改革办、省政府办公厅、省工信厅等超 10 个厅局部门开展课题项目合作，为珠海、江门、清远等地市政府提供智库咨询服务。

在线下活动方面，南方经济智库还成功举办两届粤港澳大湾区高质量发展论坛，邀请多位省领导与国家级智囊专家参加，并于活动中发布出版了《2020年粤港澳大湾区企业创新报告》《2021年广东战略性产业集群研究报告》《重整行装再出发》《开放崛起》等一批研究报告和专著。

在不断推动南方经济智库发展的同时，2021年8月13日，南方日报经济新闻部还推动广东省农业农村厅（省乡村振兴局）与南方报业传媒集团联合共建广东乡村振兴智库，并聚焦乡村振兴的重点、难点、痛点，先后推出多个智库深调研和全媒体系列报道，同时充分用好南方日报独特的内参渠道，提交了系列有价值的内参专报，并策划推出“振兴的力量——2021广东乡村振兴优秀案例推介活动”。

五 平台建设探索新运营模式

融媒时代，党报经济报道要提升传播力、引导力、影响力、公信力，不可能只靠单向输出，需要不断适应新形势、新发展、新需求，整合行业资源，由单一的新闻服务向集信息服务、政务服务、生活服务、智库服务于一体的智慧型综合服务转变。以财经报道为例，南方日报经济新闻部也在不断探索党媒财经报道新运营模式。

一是抓住痛点，探索新闻运营新模式。南方日报经济新闻部紧扣国家金融发展政策，抓住行业发展痛点，充分依托党报公信力优势，有效整合资源，搭建高质量、高水准的行业交流平台。如2021年，在打好防范化解重大金融风险攻坚战的背景下，南方日报经济新闻部敏锐发现，当前金融活动高速发展与消费者金融素养不足之间的矛盾已阻碍了金融业的发展。而各家金融机构虽纷纷加大科普金融知识的力度，但无法形成合力，效果不佳。为此，南方日报经济新闻部发起设立“粤港澳大湾区金融素养教育公益联盟”，首批吸引85家持牌金融机构加入，并成功举办“首届粤港澳大湾区金融素养教育论坛”。在该项目中，南方日报作为联盟发起单位，整合金融主管部门、金融机构、学界、媒体等各方资源，打造粤港澳大湾区金融素养教育全新阵地。同时，南方日报还联合28家金融机构共建主题鲜明的金融素养教育示范基地，通过举办高峰论坛、开设线上联名公开课、举办线下活动等，以层次丰富的产品线探索党媒"新闻＋服务＋政务＋商务"新运营模式。

二是融媒赋能，开拓跨界出圈新天地。如在财经领域，金融消费人群由富裕阶层、高收入阶层向长尾人群不断扩大。对于金融机构而言，不仅需要扩大金融产品、知识的宣传范围，更要改变沟通方式。这对党报财经报道提出了新的要求，也带来了新的机会。南方日报经济新闻部发挥融媒优势，通过平台搭建、内容输出、技术赋能等方式助力金融监管部门、金融机构以更有效的方式触达更广泛的人群。如2020年，南方日报、南方＋联手广州市地方金融监督管理局、广州金交会组委会共同打造"交易不停歇　直播不间断"大型直播活动，该活动直播时长达到3天，吸引了60多家金融机构参与；还创新互动方式，融合直播、投票、抽奖于一体，100万人次参与这一活动，让原本专业、小众的金融展会变成全民金融狂欢节。同时，该直播实现金融信息对接功能，6621人在看直播时留下金融交易需求，为金融机构提供新商机。

三是开放生产，打造财经传播新生态。在新媒体时代，新闻传播"去中心化"现象日益凸显。党报财经报道单打独斗、单向输出已经不能适应新的发展需求。在融合发展中，除了要创新表达方式、丰富表现形式，还应该构建起开放的内容生产方式，通过平台建设实现传播的"中心再造"。南方日报、南方＋充分发挥资源整合和平台建设优势，一方面以开放生产方式，联合金融机构输出更多优质的新闻产品。如自"粤港澳大湾区金融素养教育公益联盟"成立以来，南方日报、南方＋已联手20多家金融机构，推出上百期"金融公开课"。在上述公开课的制作中，金融机构通过投稿、提供专业知识、派出金融专家等方式参与内容生产，南方日报通过议题设置、内容编辑、审核把关、传播运营等方式进行专业赋能，双方各自发挥所长，形成可持续的良性生产方式，实现更丰富的产品输出。另一方面，南方日报、南方＋通过成立新组织（"粤港澳大湾区金融素养教育公益联盟”)、开设频道(“广东金融立体发布厅”)、开通南方号(“289 财经课堂”“金融 C 计划”)、邀请 40 多家金融机构入驻南方⁺等方式构建起全方位、多层次的财经传播矩阵，推动“在 + 学金融”深入人心，做强其区域传播中心地位。

(主笔：肖文舸　王　彪　陈　颖)

案例

网红专栏

励行天下

唐唐探湾区

唐唐探灣區
冲鸭
C位出道
南沙粤港澳（国际）青年创新工场

唐唐探佛山

唐唐探湾区
南沙·香港科技大学（广州）

唐唐探汕尾
走进"中国蚝乡"

乡行漫记

乡行漫记

直播

战“疫”助农（2020年）

现摘现吃，佛山驻村书记为湛江“菠萝的海”带货

扫码查看

战疫助农连山行：这里大米有多赞，网红女县长来带货

扫码查看

战疫助农粤鄂情，湖北莲藕等你买！

扫码查看

"新政开讲"（2020年）

扫码查看

广交会24小时直播（2021年）

扫码查看

持枪护卫，直击广东海关集中销毁毒品（2021年）

扫码查看

创业板注册制首批企业上市

扫码查看

短视频

呼吸

扫码查看

听，世界工厂动起来了！

扫码查看

冬去春来　千年梦圆

扫码查看

春运守隧人

扫码查看

四食有味在湾区

冬至的夜，骑上这只皮皮虾赶紧回家

扫码查看

今晚鱼跃龙门，就看谁站 C 位

扫码查看

全勤干饭王们，中午“鹅”了么？外卖到了出来拿一下！

扫码查看

我想吃兔兔！点心之王竟如此可爱

扫码查看

据说这个视频只能中午打开，因为早晚会馋死

扫码查看

创意海报

金融C计划

保藏粤味

粤味年夜饭
寻"保"记

粤味年夜饭
寻"保"记

粤味年夜饭
寻"保"记

粤味年夜饭
寻"保"记

粤味年夜饭
寻"保"记

粤味年夜饭
寻"保"记

粤味年夜饭
寻"保"记

粤味年夜饭
寻"保"记

粤味年夜饭
寻"保"记

粤味年夜饭
寻"保"记

融媒栏目

船说广东

扫码查看

谈天说气

简笔画财经

扫码查看

港青嚟湾区

扫码查看

彪 · 局

H5、长图、动图等交互式产品

广东两会"在+"看！硬核解读让你图个明白

扫码查看

惠企利民锦囊妙记

扫码查看

"老龙王"返乡记

扫码查看

"叮！成功解锁3D漫游套餐"H5

扫码查看

选择权给你！一键穿越他们的人生

扫码查看

频道共建

粤港澳大湾区频道

广东应急管理立体发布厅

广东税务立体发布厅

广东金融立体发布厅

广东乡村振兴发布厅

广东市场监管立体发布厅

广东国资立体发布厅

智库产品

"经济粤评"（南方+专题页）

粤港澳大湾区高质量发展论坛

《2020年粤港澳大湾区企业创新报告》

《2021年广东战略性产业集群研究报告》

（整理：唐亚冰）

融

动力

南方日报经济报道创新实践

第六章

融·组织

习近平总书记在十九届中共中央政治局就全媒体时代和媒体融合发展进行集体学习时指出，推动媒体融合发展，要坚持一体化发展方向，通过流程优化、平台再造，实现各种媒介资源、生产要素有效整合，实现信息内容、技术应用、平台终端、管理手段共融互通，催化融合质变，放大一体效能，打造一批具有强大影响力、竞争力的新型主流媒体。

融合发展，组织先行。近年来，南方报业以南方⁺建设为契机，倒逼南方日报进行流程再造、大力改革，实现报网端深度融合，向建设新型主流媒体高歌猛进。

三年来，南方日报经济新闻部以习近平总书记关于推动媒体融合发展的重要论述为引领，紧跟南方报业传媒集团改革步伐，从人才培养机制、融合生产机制、考核机制等多个领域深化改革，强化“融”的意识、增强“融”的本领，推动部门内外融合生产，并从考核、奖励机制上给予支撑，实现从生产到考核的“融”的闭环，推动全部门踏上融合向纵深发展的新征程。

一 向“融”的意识和本领转型

习近平总书记在党的新闻舆论工作座谈会上，提出了新闻舆论工作 48 字职责使命，要求加强党的新闻舆论工作者人才队伍建设。

人才是第一资源，培育一支具有新媒体采编运营能力的全媒型、专家型经济新闻工作者铁军，是融媒体时代南方日报经济新闻部转型的所需和必需。

南方日报经济新闻部积极推动部门全体员工打破传统媒体发展阶段形成的报纸思维，梳理和强化以用户为中心的互联网思维，在理解用户需求、满足用户需求、挖掘用户需求、提升用户需求的过程中创新服务理念，改进服务方式、提升服务水平、提升服务价值，练就成为十八般武艺俱全的全媒型人才。

三年来，南方日报经济新闻部在推动员工融合转型上主要走出了三条路径：

一是创新传播，打造主流爆款。融媒时代，为记者挖掘潜力、展示才华提供了广阔的舞台和空间。南方日报经济新闻部记者通过开设栏目、创新传播，生产出不少主流爆款。“南方名记者”昌道励常年深耕商务线条，她发挥好国际传播“联络人”的作用，联通中外、沟通世界，讲好中国故事，传递中国好声音，通过推出《励行天下》短视频栏目，呈现外资企业、外国友人在广东的故事，发现掘金“双循环”的广东密码，在国际传播中逐渐形成出圈之势。张子俊作为气象线条的记者，从用户需求出发，与擅长视频策划和制作的李赫联合，推出《谈天说气》科普栏目。栏目紧跟时效，以轻松活泼的脱口秀解读广东各类天气现象和能源话题，在风格上与市场化的短视频栏目非常接近，为主流媒体传播积累了大批粉丝。

二是深耕线条，专业服务引领。主流媒体在公信力、专业性上有较大优势，也是融合转型的重要路径。南方日报经济新闻部在推动记者转型过程中，特别注重通过专业、深度跑出与市场化媒体不同的新赛道。2021 年以来，因房贷额度收紧、利率走高，南方日报经济新闻部财经团队记者敏锐观察到，经营贷、消费贷流入楼市乱象愈演愈烈，立即策划对这一乱象展开调查，重磅推出《信贷资金违规流入楼市调查》。报道中对广州地区 20 多家主要商业银行进行全面摸底暗访，曝光广州多家银行客户经理主动向客户介绍利用经营贷、消费贷买房的一系列“暗箱操作”，调查面广，说服力强。同时，记者还对多家贷款中介进行暗访，将更多骗取低利率经营贷、消费贷用于买房的套路曝光，将部分贷款中介帮客户购买注册公司、办理营业执照、制造流水、信贷流转腾挪、垫资在内的一条完整灰色产业链摸查清楚，并通过卧底实地走访、录音录像取证等方式调查，以短视频形式在南方$^{+}$报道，形成逻辑严密的证据链，将信贷资金违规流入流失乱象彻底曝光。

报道引起了广东省住建厅、广东省地方金融监督管理局、广东银保监局等相关部门重视，广东省住建厅召集各部门开会，邀请南方日报记者反映调查情况，出台相关措施。上述部门第一时间对资金违规流入房地产市场现象进行全面摸查，广东银保监局依法依规查处违法违规行为，省住建厅对房地产中介机构开展摸排调查。此充分体现专业报道的公信力和影响力。

三是智慧转型，开发智库产品。媒体触角广、扎根深的特点，为生产和传播智库产品提供天然的优势。加上南方报业传媒集团在智媒化方面的转型实践，为生产智库产品提供技术支撑。南方日报经济新闻部2019年成立智库工作室，三年来，围绕服务省委、省政府中心工作，聚焦区域协调、制造业、外资外贸等推出多个智库产品。其中，部门连续多年与中国建设银行广东省分行联合举办"Fit科创大赛"，陆续发布智库书籍《2021年广东战略性产业集群研究报告》等，逐渐形成品牌效应。

同时，南方日报经济新闻部记者也在智库产品创新传播上不断探索，记者王彪通过制作智库视频栏目《彪·局》，以动画＋脱口秀的精美制作，立足南方、眼观天下，联通政企学研，搭建智媒平台，实现多维对话，为政府、企业和社会公共事务决策提供智力支持，使智库产品活起来，实现新媒体形式有效传播。

二 强化内外融合生产能力

融合生产是一场自我革命，相比于渠道和媒体介质的融通变革，融合生产带来了生产场景的全新改变，由此衍生出新的生产力。

一是线条间的融合生产。通过纵向延伸，将大工业、大消费、大外贸、大交通、大项目、大农口等线条打通，共同策划、团队作战、特色表达，提升报道的深度、高度和广度。例如2022年9月，南方日报经济新闻部消费、市场、商务等线条联合，在暑假期间推出"时光经济"系列报道，相继刊播长篇通讯、直播、海报等作品，以时间轴串联起上百个来自生产生活一线的故事、场景，生动呈现广东高质量发展的蓬勃活力。报道用鲜活的故事、细腻的文本、生动的画面直抵人心，提振信心，被省内外媒体广泛转载推送，为广东稳经济、稳预期提供有力舆论支撑。又如2020年，南方日报经济新闻部金融团队打通资本、证券、保险等线条，推出首届粤港澳大湾区金融素养教育论坛暨粤港澳大湾区金融素养教育公益联盟。这是在广东省地方金融监管局、中国人民银行广州分行、广东银保监局、广东证监局的指导下，由南方日报、南方+发起设立的金融素养教育新平台，以“新闻+服务+商务”形式，报道金融安全教育案例、与金融机构共建金融素养教育示范基地、邀请金融机构批量开设南方号、邀请金融机构高管担任教育导师，全方位打造粤港澳大湾区金融素养教育新阵地，为大湾区金融素养教育工作提供新平台。

二是工作室间的融合生产。通过横向延伸，南方日报经济新闻部每年以一至两个自主重大策划为牵引，推动全部门工作室的全员参与、融合生产，在重大策划中做到有统有分，搭建总统筹、各产品线统筹和一线采编人员三个层级的协调机制，彼此借力、发挥特长，提高融合生产能力和工作效率。从2020年起，南方日报经济新闻部连续三年推出聚焦产业和企业的重磅策划，推动全部门融合生产。2020年，围绕广东二十大产业集群，南方日报经济新闻部开展全员参与的“广东战略性产业集群深调研”。2021年，以中国入世20周年为契机，南方日报经济新闻部推出“双循环　天地宽——中国入世二十周年全媒体报道”，以一组深调研报道、一组“外眼观”高端访谈、一组“对话世界500强”深度观察、一部微纪录片、一份企业社会责任观察报告、一场年度盛典等报道及活动，展示“入世”20年来中国对外开放的巨大成果，凸显广东企业在参与构建“双循环”新发展格局中的积极作为。2022年，为迎接党的二十大召开，紧紧围绕创新是广东高质量发展的灵魂，南方日报经济新闻部全员强“四力”、走基层、探企业，推出广东向“新”力全媒体报道，通过深调研、人物访谈、评论、短视频、创意海报等产品，全景展现十年来广东新经济活力迸发、新动能积蓄成势推动高质量发展的历程。

三是部门间的融合生产。主动搭建深调研、年度论坛等平台，推动部门间的合作和融合。通过部门协作，整合资源，各展所长。2021年12月16日，南方日报经济新闻部、专刊部、经营公司共同参与筹办的“与‘世’偕行　共赢未来——入世20周年企业家高峰对话暨南方致敬2021年度盛典”顺利举行，邀请200位业界人士共话“双循环”、发布企业社会责任报告，《共话双循环解读新发展》《全球化不是“免费午餐”　要加强原始创新》《南方+用户下载量达 8800 万 三大价值引领传播力创新高》等相关报道，获广东省商务厅等权威部门点赞和转发。论坛成为该年度南方日报经济新闻部入世 20 周年全媒体报道的重要收官活动，推动全媒体报道实现线下传播。

三 考核改革护航融合成效

顺应当前媒体融合转型的形势，南方日报经济新闻部结合报社要求，对薪酬制度进行改革，建立更加符合全媒体时代规律特点、科学合理的绩效考核和薪酬激励体系，从深层次激发人才的专业激情，增强其归属感、荣誉感，有力提高队伍的稳定性和凝聚力，充分释放队伍的积极性和活力，为报网端融合转型事业提供保障。

一是考核向新媒体倾斜，推动"移动优先"。2020 年，南方日报经济新闻部进一步调整优化绩效考核办法，树立纸媒与新媒体并重的考核理念，并进一步向新媒体生产倾斜，新媒体稿件加权计算，同时对直播、视频、H5、动画等新媒体产品制作进行补分激励，从激励机制上推动"移动优先"，进一步推动团队向新媒体转型。以往部门员工绩效中报纸占比在 70% 左右，新媒体端约 30%。实施新的考核办法后，部门员工基本实现报纸、新媒体绩效各占"半壁江山"，充分体现了薪酬考核制度在推动融合转型中的指挥棒作用。

2021 年，为进一步推动记者生产新媒体产品，南方日报经济新闻部制订施行《经济新闻部融媒产品考核激励办法》和《经济新闻部直播产品考核激励办法》，对部门记者生产的短视频、H5、一图读懂、直播等融媒产品，设置"统一加权"和"流量加权"。"统一加权"根据融媒产品角色分工、执行难度和出品质量进行考核，包括策划统筹、脚本、出镜等工作，以及采访难度、资源协调、产品质量、社会影响等因素。"流量加权"则鼓励多生产高流量产品，单个产品流量在客户端实现不同等级的流量均有不同等级的补分，如有爆款，单独申请评定。

新媒体生产的激励制度，极大地激发了部门记者的积极性。据统计，2021年，南方日报经济新闻部生产直播达106场，视频等融媒体产品258个，部门九成员工参与到新媒体产品生产，真正实现全员转型、全员融合。

二是推行协议薪酬制，打破传统计件制。2019年起，在南方日报的统一部署下，经济新闻部成为首批协议薪酬改革试点部门。此项改革通过充分授权部门考核、明确责权利，打破传统的计件工资制，按照部门实际、线条实际充分发挥部门和团队的管理作用，推动采编人员主动全力投入集团发展的各项事业中。

2019年起，南方日报经济新闻部以自愿申报为原则，在部门部分推广协议薪酬制度，考核上主要参考“南方名记者”的考核方法。2022年，在总结过去经验的基础上，经济新闻部实行全员协议薪酬制度。结合部门实际，南方日报经济新闻部制定了《经济新闻部协议薪酬考核办法》（下称《办法》）。《办法》围绕南方日报定位、媒体融合要求，制定五项主要考核指标，分别为南方日报头版稿数、稿件等级、融媒补分、部门奖数量及客户端流量10万+产品数，并在测量以往考核指标的基础上，划定五级薪酬目标，让记者对考核指标看得见、摸得着、够得到。

其中，《办法》五项考核指标的划定，充分体现了高质量发展的原则，着重纸媒与新媒体并重：在纸媒上，推动记者生产精品力作冲击头版；在新媒体上，通过融媒补分推动量的提升，通过10万+流量推动质的飞跃。

三是设置部门评优奖优，激发精品意识。南方日报经济新闻部除了在考评上引导，还参考中国新闻奖和广东新闻奖的奖项和评奖标准，每个月按新闻奖设置奖项评选至少5个部门新闻奖，作为月度考核的一个指标，并作为推送至报社参评年度报网端新闻奖的储备，进一步提升部门员工的精品意识、获奖意识，发挥业务指挥棒的作用，大大提升部门员工生产精品力作的意识，好作品和爆款不断涌现。

记者吴哲、郑佳欣、黄应来配合大湾区两份重磅文件推出的重点通讯《奋进大湾区　乘风破浪时》，全面梳理广东两年来推进大湾区建设的成果，气势磅礴，有高度、有质量、有时效，获得2020年中国新闻奖一等奖。

记者袁佩如、李赫、王彪的消息报道《"九龙"齐通 气贯长虹 粤高速公路总里程率先"破万"》，深入高速通车现场，采写扎实，现场丰满，将广东高速公路建设的历史高度浓缩，逻辑清晰，紧扣2020年新冠疫情的背景，强调"交通先行"对于"六保""六稳"的重要作用。消息报道被部门推选参评南方日报年度消息并获评一等奖，后获评广东新闻奖二等奖。

记者昌道励、宾红霞、王彪的通讯报道《深圳盐田港运力放缓，全球供应链患上"紊乱综合征" 牵一"港"而动全球》，聚焦疫情下盐田港运力放缓牵动全球供应链，报道呈现了从贸易链到产业链各环节的连锁反应，体现了疫情下全球航运的困境，并提出加快建设全球营销网络等建议；文本细腻，梳理清晰，可读性强。报道获评月度部门好作品后被推选参评南方日报年度通讯奖并获一等奖，后获评广东新闻奖二等奖。

（主笔：袁佩如）

强“四力” 我们在

2020 年 5 月，调研广东自贸试验区

战略性产业集群深调研走进特斯拉上海超级工厂

"广东向'新'力"采访

"扶贫路·粤暖心"扶贫带货直播节

十三届全国人大四次会议期间，与广东省统计局局长杨新洪、北京的三名代表和委员连线

记者在新疆喀什采访广东援疆干部，与当地居民在一起

记者在揭阳市惠来县鲍鱼养殖场内，对广东农业保险助力农业生产进行一线体验报道

2022 年春耕季节，记者在江门台山体验驾驶高速插秧机

2020年6月，“南粤山海经”系列直播，记者直播采访巴戟种植情况

“大食物观看广东”系列报道，记者在河源东源采访油茶种植户